改革开放进程中的经济学家学术自传

张卓元　高培勇　主编

张军扩学术自传

张军扩◎著

ACADEMIC AUTOBIOGRAPHY OF ZHANG JUNKUO

SPM
南方出版传媒
广东经济出版社
·广州·

图书在版编目（CIP）数据

张军扩学术自传 / 张军扩著. —广州：广东经济出版社，2020.5
（改革开放进程中的经济学家学术自传）
ISBN 978-7-5454-7018-5

Ⅰ. ①张… Ⅱ. ①张… Ⅲ. ①经济学—文集 Ⅳ. ①F0-53

中国版本图书馆CIP数据核字(2019)第255296号

出 版 人：李 鹏
责任编辑：刘 倩
责任校对：黄思健
责任技编：陆俊帆

张军扩学术自传
ZHANG JUNKUO XUESHU ZIZHUAN
张军扩 著

出版发行	广东经济出版社（广州市环市东路水荫路11号11～12楼）
经销	全国新华书店
印刷	恒美印务（广州）有限公司 （广州市南沙经济技术开发区环市大道南路334号）
开本	787毫米×1092毫米 1/16
印张	13.75
字数	140千字
版次	2020年5月第1版
印次	2020年5月第1次
书号	ISBN 978-7-5454-7018-5
定价	89.00元

广东经济出版社网址：http://www.gebook.com 微博：http://e.weibo.com/gebook
图书营销中心地址：广州市环市东路水荫路11号11楼
电话:(020)87393830 邮政编码:510075

《改革开放进程中的经济学家学术自传》丛书分册名录

（按姓氏音序排列）

1.《白重恩学术自传》
2.《蔡昉学术自传》
3.《常修泽学术自传》
4.《陈东琪学术自传》
5.《陈锡文学术自传》
6.《迟福林学术自传》
7.《樊纲学术自传》
8.《范恒山学术自传》
9.《房维中学术自传》
10.《高培勇学术自传》
11.《高尚全学术自传》
12.《郭克莎学术自传》
13.《洪银兴学术自传》
14.《黄达学术自传》
15.《黄群慧学术自传》
16.《贾康学术自传》
17.《江小涓学术自传》
18.《金碚学术自传》
19.《李实学术自传》
20.《李晓西学术自传》
21.《厉以宁学术自传》
22.《林兆木学术自传》
23.《刘诗白学术自传》
24.《刘世锦学术自传》
25.《刘树成学术自传》
26.《刘伟学术自传》
27.《马建堂学术自传》
28.《彭森学术自传》
29.《宋晓梧学术自传》
30.《田国强学术自传》
31.《王梦奎学术自传》
32.《王一鸣学术自传》
33.《魏杰学术自传》
34.《魏礼群学术自传》
35.《乌家培学术自传》
36.《吴敬琏学术自传》
37.《杨瑞龙学术自传》
38.《张军学术自传》
39.《张军扩学术自传》
40.《张晓山学术自传》
41.《张燕生学术自传》
42.《张宇燕学术自传》
43.《张卓元学术自传》
44.《赵人伟学术自传》
45.《郑新立学术自传》
46.《周叔莲学术自传》

总　序

Preface

盛世出华章。中国的改革开放是一场波澜壮阔、前无古人的伟大社会变革，也将是世界经济发展史上的瑰丽篇章。中国经济学家在这场伟大变革中，或贡献了智力，或参与了实践，无论是参政建言还是学术构建，均厥功甚伟。

在我们先后迎来改革开放40周年和中华人民共和国成立70周年之际，为了记录并彰显中国经济学家的历史贡献，为中国特色社会主义事业进一步发挥智慧的力量和作用，同时借以勉励后学筑梦前行，我们组织并编辑了这套《改革开放进程中的经济学家学术自传》丛书。

这套丛书的出版设想，最初由广东经济出版社提出。在此之前，得力于中国社会科学院经济研究所张卓元教授等的大力支持，该社曾于2009年编辑出版《影响新中国60年经济建设的100位经济学家》丛书。那套丛书产生了良好的社会反响，也获得了较高的学术评价。弹指一挥间，又是一个十年，共和国迎来了70华诞，改革开放也逾40周年。在这样一个特殊的背景下，广东经济出版社邀请张卓元教授和高培勇教授领衔，由《经济研究》编辑部具体负责，组织、编辑一套集中反映改革开放进程中的经济学家学术探索和心路历程的丛书。

认识到这是一件颇具眼光、很有意义的事情，于是，便有了读者眼前这套《改革开放进程中的经济学家学术自传》丛书编辑出版工作的启动。

中国经济改革与发展的伟大实践，为中国经济学家的成长提供了肥沃的土壤。要从这些灿若繁星的经济学家中推选出大家比较公认的富有影响力的经济学家，并不容易。怎样推选？推选多少？具体标准是什么？如何约稿？丛书的体例又该如何把握？这一系列相关问题接二连三地提至我们面前。

为此，在初步拟订编辑出版方案的基础上，由张卓元教授和高培勇教授主持，邀请部分专家召开了小范围的论证会议，就组建丛书编辑委员会以及丛书编辑出版的一系列相关问题听取意见，进一步完善方案。

紧跟着，2017年6月25日，丛书编辑委员会会议在北京举行。出席会议的委员共有19位（按姓氏音序排列）：白重恩、常修泽、陈东琪、陈锡文、迟福林、高培勇、郭克莎、黄群慧、金碚、李晓西、刘伟、彭森、宋晓梧、田国强、魏礼群、吴敬琏、张军扩、张燕生、张卓元。因故请假、提供书面意见的委员有10位（按姓氏音序排列）：蔡昉、曹远征、贾康、李实、李扬、厉以宁、林毅夫、刘世锦、钱颖一、张军。

这次编辑委员会会议就如下一些重要问题形成了高度共识：

第一，关于丛书的意义。委员们高度认可丛书的编辑出版工作，认为这是一项富有重要历史和现实意义的出版工程。

第二，关于丛书入选者的标准和数量。委员们认为应本着宁缺毋滥、质量为先原则，以对改革开放事业的某个特定领域做出实质性贡献或产生实质性影响的经济学家为重点，入选者宜掌握在60位左右。

第三，关于丛书的体例。基于凸显学术价值和史料价值的考虑，委员们认为学术自传宜涵盖作者的学术成长历程、作者对改革开放事业某个特定领域的研究成果和学术贡献、作者对特定领域改革前景的展望等方面内容。

第四，关于丛书的读者对象。委员们认为应主要面向青年学者以及学生，谈人生经验、述理想情怀，激励广大青年学者和学生确立奋斗的目标、发展的方向和成功的路径。

第五，关于丛书的文风。委员们主张学术自传应具有较强的理论性、学术性，同时文笔流畅、深入浅出，具有一定的可读性。

在经过充分讨论形成的候选经济学家名单基础上，与会委员按照获得半数以上多数票入选的规则，以无记名投票方式表决确定了65位入选者。

会议还决定，请因故请假的委员继续对候选经济学家名单通讯投票，并根据此项流程的统计结果，提请全体编辑委员会委员再进行一次通讯评审，最终确定丛书入选者为68位。

由此产生的《改革开放进程中的经济学家学术自传》丛书入选作者为（按姓氏音序排列）：白重恩、蔡昉、曹远征、常修泽、陈东琪、陈清泰、陈锡文、迟福林、樊纲、范恒山、房维中、高培勇、高尚全、郭克莎、郭树清、韩俊、洪银兴、华生、黄达、黄群慧、贾康、江小涓、金碚、李剑阁、李京文、李实、李晓西、李扬、厉以宁、林毅夫、林兆木、刘国光、刘鹤、刘诗白、刘世锦、刘树成、刘伟、隆国强、楼继伟、马建堂、彭森、钱颖一、宋晓梧、田国强、王梦奎、王一鸣、魏杰、魏礼群、乌家培、吴敬琏、吴晓灵、杨启先、杨瑞龙、易纲、余永定、张军、张军扩、张维迎、张晓山、张燕生、张宇燕、张卓元、赵人伟、郑新立、周其仁、周叔莲、周小川、朱玲。

在确定入选者名单之后，《经济研究》编辑部立即展开了组稿工作，共有46位入选者接受约稿。在这一过程中，入选的经济学家或其家属、秘书、好友等，对我们的工作给予了热情的支持，在百忙之中积极准备所需要的文献，其认真精神令人感动。应该说，没有他们的积极响应和大力支持，这套丛书是难以按时按质完成的。

由于入选的经济学家大多是名人、忙人，有一部分老作者也已年届九十高龄，约稿的工作量及其难度可想而知。一些作者提出暂不能写作，这多少令我们感到些许遗憾。其间也有许多感人的情景要告诉读者们：常修泽先生于2018年夏天在吉林延边的一个小镇闭门两三个月专事自传写作，在整个写作过程中数十次与编辑部和出版社沟通，包括内容完善、结构设计和一些合理性建议等诸多细节，并且在约定期限内交稿给编辑部；九十五岁高龄的黄达教授在写作过程中十余次通过电话或电子邮件与编辑部讨论写作重点和风格；乌家培、林兆木、王梦奎等老先生也是不厌其烦，反复就文字沟通润色；周叔莲先生在去世前一周还给编辑部打电话，告诉编辑自己已经基本完成了书稿的写作，并详细介绍了自己的写作过程和感想，我们至今忆此仍为之动容。在这些难得的沟通中，我们一次次被感动。

随着此套丛书的陆续编辑出版，我们越来越强烈地体会到了这项工作的意义和价值:

入选这套丛书的作者，系改革开放进程中的经济学家，他们的知名度较高，社会影响较大。这套自传体丛书，是对他们的代表性研究成果、学术贡献、成长历程及人格魅力的一个集中展示。对于广大读者特别是青年学子来说，这无疑是一个难得的学习、了解我国经济理论和现实问题的机会。

这些经济学家在各自的学术领域都是佼佼者或领军者，他们学术素养深厚、学术成就卓越。他们在自传中大多以第一人称娓娓道来，讲述了自己的家国情怀与学术成长经历，为记录我国改革开放历程留下了第一手资料。从经济史和思想史的角度看，这应该是非常有史料价值的研究文献。

众多大家的纸上风华，既映射出中国改革开放40多年取得的巨大成就，也是对中国改革与发展经验比较系统的总结。正如习近平总书记所指出的:“从我国改革发展的实践中挖掘新材料、发现新问题、提出新观点、构建新理论，加强对改革开放和社会主义现代化建设实践经验的系统总结，加强对发展社会主义市场经济、民主政治、先进文化、和谐社会、生态文明以及党的执政能力建设等领域的分析研究，加强对党中央治国理政新理念新思想新战略的研究阐释，提炼出有学理性的新理论，概括出有规律性的新实践。这是构建中国特色哲学社会科学的着力点、着重点。”应该说，本套丛书的作者们用生动而精彩的人生与学术追求，践行了这一重要要求。

这套丛书的编辑出版与《经济研究》编辑部各位同仁的努力也是分不开的。他们通过电话、短信和邮件等方式不断地与作者或其家人、秘书等进行沟通。参加组稿和审稿工作的人员有:郑红亮、刘霞辉、张永山、唐寿宁、王利娜、谢谦、金成武、孙三百、陈小亮、欧宏、王红梅、刘莹、曹帅。

广东经济出版社的领导和编辑在本丛书的出版过程中也做了大量的工作，正是有了他们的努力，这套丛书才能得以顺利与读者见面。

特别值得一提的是，这样一套组织工作浩繁的大型丛书，见证了《经济研究》编辑部与广东经济出版社值得称道的团队合作精神。编辑部的张永山、王红梅同志和广东经济出版社的编辑团队从始至终为丛书的组织沟通、约稿、文稿整理付出了大量的心血，他们的耐心和一丝不苟的敬业精神令人称道。

这套丛书就此付梓了，回望中国改革开放的辉煌岁月，携手丛书作者对祖国的拳拳心路与期待，我们略感欣慰！但由于时间仓促，加之我们的水平有限，书中的不足和错误之处在所难免，敬请广大读者批评指正。

《改革开放进程中的经济学家学术自传》丛书编辑委员会

2019年10月

作者简介

张军扩

1961年生，陕西临潼人。1982年7月毕业于西北大学经济系，获经济学学士学位。1985年5月毕业于华中科技大学（原华中工学院）经济研究所，获经济学硕士学位。

1985年起在国务院发展研究中心工作。1985年6月至1993年8月，历任国务院发展研究中心副科级咨询研究员、正科级咨询研究员、助理研究员、副研究员。1988年11月至1990年2月借调新华社香港分社（港澳工委）研究室工作，任研究室研究员。1993年9月至1998年10月，历任国务院发展研究中心经济综合研究部负责人、副部长、研究员。1998年11月至2004年9月，任国务院发展研究中心市场经济研究所所长。2001年2月至2002年2月，在美国芝加哥洛约拉大学和世界银行华盛顿总部从事访问研究工作。2004年10月至2010年10月，任国务院发展研究中心发展战略和区域经济研究部部长。2005年3月至2006年1月，在中央党校第21期中青年干部培训班学习。2010年11月至2011年8月，任国务院发展研究中心办公厅主任。2011年9月至2013年2月，任国务院发展研究中心党组成员、办公厅主任。2013年3月至今，任国务院发展研究中心副主任、党组成员。

长期从事宏观经济、区域经济、经济改革等方面的研究工作。享受国务院特殊津贴，荣获第八届孙冶方经济科学奖，1999年、2001年中国发展研究一等奖。曾为第十七届中央政治局第十六次集体学习授课。兼任西北大学、东北大学博士生导师。

张军扩学术自传

目录

壹

我的经济研究历程

如果从1978年考上大学开始学习政治经济学算起，我从事经济研究工作也正好是40年。我常常想，我们这代人最大的幸运，就是赶上了中国改革开放和快速发展变化的时代。的确，过去40年中国所取得的发展成就，不论是与中国历史上的任何辉煌时期相比，还是与世界历史上其他国家所创造的增长奇迹相比，都毫不逊色。我们有幸身处这个时代，不仅能够目睹这个快速发展的过程，经历快速发生的变化，也能够参与到这个奇迹的创造过程当中，并以自己的努力做出绵薄贡献，实在是深感欣慰。

一 偶然走入经济学殿堂

我于1961年出生在陕西临潼渭河边上一个叫四甲村的地方。我爷爷是个中医先生，也办过私塾。我父亲早年也曾学医，中华人民共和国成立后一直务农，“文革”期间做过短时间的“赤脚医生”。虽然临潼这个地方自然条件很不错，但我生不逢时，出生时正赶上三年困难时期。据母亲讲，我出生后母乳不够吃，又没有牛奶、羊奶可吃，因而出生后不到20天就开始喂食开水泡馒头，从此落下了伴我一生的胃病。

1967年我开始上学，正赶上“文革”时期。虽说相对于城市而言农村所受冲击要小一些，但在那种大环境下，各种政治运动也是一个没落。记得从小学到中学，一会儿搞“反潮流反师道尊严”，一会儿搞“批林批孔”，一会儿搞“批邓反击右倾翻案风”，成天不是参加这样那样的政治活动，就是参加这样那样的学工学农劳动锻炼，学习的质量可想而知。可是十分幸运的是，高中快毕业那年，也就是1977年，却赶上了恢复高考。记得当时中央决定1977年的高考时间在冬季，大约是1977年的12月，那时前一届学生已经毕业半年，而我们这一届离毕业还有半年。按照当年在校生参考规定，学校从近200名应届生中挑选了12名学生准备参加当年高考，我是其中之一。结果12个考生就我一人被初录，但遗憾的是因身体检查有问题我最终也名落孙山。

1978年，我被西北大学政治理论系（在校期间改为经济系）政治经济学专业录取，从此开始了我的政治经济学学习和研究生涯。我被录取到政治经济学专业完全是个偶然事件。实际上，填写志愿时我选择的是中文系和历史系，因为当时根本就不知道有政治经济学这个专业，更不知道是学什么干什么的，但据说因为我高考语文和历史成绩都不理想，反而数学成绩和政治成绩比较高，所以被学校调剂到政治经济学专业。而对于我这个农村孩子来讲，其实被哪个专业录取并不重要，重要的是能上大学，能跳出“农”门，能吃上商品粮。虽然是由于一个偶然机会被动地进入经济学殿堂，但却决定了我一生的事业。现在回想起来也还不错，与中文、历史等专业比较，经济学可能还更适合自己。实际上，人生许多事情可能都是这样，有时偶然的机会或不经意的选择，比起刻意的寻觅和追求反而更为重要，更具有决定性意义。

大学四年，基本上是按照学校规定按部就班学习马克思主义政治经济学的基础知识。临近毕业的时候，一个偶然的机会，使我对当代西方经济学产生了兴趣。当时厉以宁教授来校做学术报告，主要介绍罗斯托的经济成长阶段论。入大学以来，我一直专注于马克思主义政治经济学及其历史渊源古典经济学的学习，很少接触其他西方经济学流派，因此当时感到十分新鲜和有趣，特别是其中关于一个国家要实现经济起飞需要具备的条件，可以说深深吸引了我。事后我给厉以宁教授写了一封信，询问如何能够继续深入学习和了解经济成长阶段论的内容。让我十分惊喜的是，厉以宁教授很快就给我回了信，介绍了罗斯托的《经济成长的阶段》等著作。这件事对于厉以宁教授来讲可能算不了什么，可能他也根本不记得了，但对于我这个青涩的大学生来讲，不仅使我深受感动和鼓舞，也影响了我此后的治学和研究方向，所以我对厉以宁老师一直心存感激。记得当时我在学校图书馆没有找到这本书，而陕西省图书馆有这本书，但不能外借。我只好利用几个周末的时间，在陕西省图书馆仔细阅读了该书。此后，我对当代西方经济学各流派的学习兴趣越来越浓，阅读了更多相关文献，也了解了更多国内著名专家教授，最后临近毕业时，我决定报考华中工学院张培刚先生的当代外国经济学说专业的研究生。

因为决心已定，下的功夫很大，所以考研很顺利，1982年夏我转到武汉华中工学院就读。当时华工还没有经济系，更没有经济学院，只有一个经济研究所，只招研究生，不招本科生。由于华工师资力量不足，因此我们的不少课程都是请武汉大学经济系的著名教授来上的。记得当时武汉大学的谭崇台、刘涤源、李崇淮、曾启贤、傅殷才等老师，都曾来给我们上过课。回想起来，我人生最正确的选择和决定之一，就是报考张培刚老师的研究生。张老师不仅治学严谨，而且幽默智慧，豁达开朗，平易近人，可敬可亲，堪为做人之楷模。张老师对学生指导很细致，要求我们读经济学经典著作不仅要读原著，而且最好读英文原著。正是在他的严格要求下，我们不仅深入研读了凯恩斯的《就业、利息和货币通论》、马歇尔的《经济学原理》、罗宾逊夫人的《不完全竞争经济学》、熊彼特的《经济发展理论》等宏观经济学和微观经济学经典著作，也广泛学习了西方经济学其他流派的理论。张老师尤其鼓励我们要重点研究发展经济学的理论，因为当时我国正处在改革开放的初期，他觉得发展经济学所研究的问题和所提出的发展理论，更适合我国当时的国情。张老师不仅悉心指导研究生读书，他还特别注意带领研究生进行学术交流和社会调研。记得在校期间张老师曾先后两次带我们到安徽和云南参加中华外国经济学说研究会的年会，并到安徽、四川等地进行学术交流和调研。从张老师身上，我们不仅学到了专业知识，也学到了严谨的治学态度和做人的道理，更常常被他的拳拳爱国之心所感动。在张老师的指导下，我的毕业论文题目确定为《论发展中国家的国际贸易与经济发展》，文章重点分析了传统比较优势理论对于发展中国家追赶型发展的局限性和不适用性，并提出比较优势理论动态应用的观点。经过中国改革开放40年的实践，现在回过头来看，这个分析和观点还是能够站得住的。

二 急切投身经济实践

1985年研究生毕业时，学校原本是希望我留校的，当时学校与加拿大多伦多大学有交流项目，如果留校的话，先出国深造两三年，然后再回学校从事教学工作。但当时我既不想留校，也不想出国。原因是，当时我国改革正处在以农村为重点向以城市为重点并在全国全面展开的转变时期，改革和发展的形势变化很快，需要研究的问题很多，社会上对改革开放的讨论也很激烈。作为经济学专业的研究生，我们平时不仅很关注这些讨论，也总想写文章参与讨论，心中有着一种希望参与其中的强烈冲动。但当时在学校，对现实情况的了解很有限，研究总有一种隔靴搔痒的感觉，既很难抓住最需要研究的问题，也很难把问题说深说透，并提出有针对性和有决策参考价值的意见。正是在这种情况下，我急切地希望离开学校，投身到当时在我们看来已经是“热火朝天”的改革和发展的大潮当中。十分幸运的是，当时研究生还很少，找工作一点儿也不难。记得我当时在研究所的资料室里找到了一本经济年鉴类的图书，书的后面刊登了当时国内比较重要的经济研究机构的名字和地址。我选了两家单位发了求职信，一家是国务院经济研究中心，一家是中国人民银行金融研究所。没过多久，两家单位都回函表示有意接收我，我最终确定去国务院经济研究中心。

1985年6月我到北京报到时，正赶上国务院经济研究中心、国务院技术经济研究中心与国务院价格研究中心合并和办公室搬迁，合并后的单位全称为“国务院经济技术社会发展研究中心”，简称“国务院发展研究中心”（1990年正式更名为“国务院发展研究中心”），办公室由中南海北区迁到西安门大街22号院。后来我慢慢了解到，国务院经济研究中心成立于1980年7月，是根据国务院和中央财经领导小组“建立一个由经济专家和学者参加的非行政性的经济决策咨询研究机构，组织在京经济研究单位加强经济问题研究”的决定，由薛暮桥和马洪同志牵头组织成立的。实际上，在1980—1982年的3年间，党中央国务院根据改革开放重大决策咨询工作的需要，先后成立了6个以“国务院”命名的政策咨询研究机构，除上面提到的国务院经济研究中心之外，其他5个分别是国务院技术经济研究中心（1981年）、国务院价格研究中心（1982年）、国务院农村发展研究中心（1982年）、国务院经济法规研究中心（1982年）和国务院国际问题研究中心（1982年）。1990年，国务院农村发展研究中心并入国务院发展研究中心，成为其“农村经济与城乡协调发展研究部”。

我原先联系工作时确定的接受单位是国务院经济研究中心的生产流通组，而合并成国务院发展研究中心之后内设机构进行了重组，原生产流通组撤销，我被调整到新组建的经济动态组工作。这又是我人生中一个不期而遇、十分幸运的事情，因为经济动态组的组长是吴敬琏先生。当时一个研究组的人不多，我一个刚毕业的学生，一下子被安排到吴先生这样的大家手下工作，实在是一件非常幸运和令人激动的事情。此后的10多年间，我一直都在吴先生的直接领导下工作，虽然名义上并不算是他的学生，但实际上我从他那里所得到的教益、帮助和提携，可能不亚于任何一位他名下的博士生。在吴老师的严格要求和精心指导下，我参与了他所负责和组织的诸多重要研究项目，比较快地了解和适应了政策咨询研究工作，也取得了比较多的政策咨询研究成果。

三 经济动态组的研究工作岁月

经济动态组的主要职能，是经济形势动态分析和对策研究。我报到后参与的第一项研究工作，就是经济形势分析。当时的宏观经济背景是，自1984年第四季度以来，由于信贷资金、消费资金（银行工资性现金支出）和固定资产投资增长过快，从1985年第一季度开始，就出现了物价上涨过快和工业超高速增长的现象［第一季度工业增长23%，1985年消费者价格指数（CPI）上涨12%］。为此，国务院于1985年上半年先后两次召集各省省长到北京召开会议，部署控制消费需求和投资需求增长过快的举措。但从上半年的实际情况来看，效果并不理想，尤其是在信贷总规模、消费和投资基金尚没有得到有效控制的情况下，一些行业、企业和地区，却出现了流动资金紧张、影响正常生产的情况。在这种情况下，社会上有一种观点认为，在经济转型和经济快速增长的情况下出现一定的通货膨胀是不可避免的，主张通过放松信贷控制，全面扩大流动资金供应。根据吴老师的安排，我负责流动资金状况分析，目的是弄清楚在流动资金总体并不紧张的情况下部分行业、部分企业及部分区域出现资金紧张的原因，并提出针对性建议。接到这个任务距离我到单位报到上班只有不到20天的时间，虽然在学校时也学过货币银行学、会计学之类的课程，但一旦联系实际，我还是有点儿犯懵，不知从何下手。吴老师不仅在研究思路方面对我进行指导，而且告诉我主要看哪些信息资料，可以找什么单位什么人交谈，等等。就这样，在一个月左右的时间里，吴老师改了六七遍我写的研究报告，比他自己写还要费劲。但我的收获却很大，我不仅在入职不到两个月的时间就完成了一份调查研究报告（后来这篇题为《我国信贷的趋势与对策》的研究报告刊登在《国务院发展研究中心调查研究报告》1985年第1号中，署名是吴老师和我），而且也比较快地实现了从学术研究到政策研究的转变。

紧接着，我又参加了吴老师领导的另一项重点研究任务："'六五'经验总结"。这是我第一次参加国务院发展研究中心（简称"中心"）的重大研究项目。1985年是"六五"计划的最后一年，为了给"七五"计划的制定提供经验参考，中心决定开展这项研究，并由吴老师负责。记得当时参加这项研究工作的还有李剑阁、丁宁宁、邓寿鹏、张小济、郑景胜、梁天征等，还有社科院的一名同志。当时中心在位于北京万寿路的中组部招待所包了一栋小楼，马洪、孙尚清等中心领导不时过来，就研究工作做出指示，并参与课题组的讨论，发表意见。这个报告主要是四个部分，即总论、关于体制改革、关于经济发展和结语，我的任务主要是协助吴老师起草有关经济发展部分。报告的核心观点，是强调要处理好经济建设、经济体制改革和提高人民生活水平三者之间的关系。但由于报告批评了“六五”期间片面追求高速度的倾向以及指出了由此导致的诸多问题，据说吴老师还因此受到了批评。但即使如此，报告最终还是经中心领导批准同意刊发于《国务院发展研究中心调查研究报告》1986年第1号中，并在《经济研究》上公开发表，可见当时的舆论环境还是相对宽松的。

1985年底，为了进一步研究经济形势，为确定1986年经济政策提供咨询意见，中心在武汉召开了全国经济形势研讨会。会议认为，一方面，1985年下半年以来，中央采取的一系列加强宏观控制的措施已经取得成效，过热的经济正在稳定下来；但另一方面，造成资金紧张的因素并没有完全消除，还存在不平衡、不稳定的因素。会议主张，对于1985年第四季度工业生产增长速度的迅速下降不必过于担心，下一步要在继续抑制需求的同时着力改善供给。会后，吴老师带领经济动态组的部分同事到广东进行实地调研，先后去了广州、珠海、深圳。记得在从珠海到深圳的渡船上，吴老师给我吟诵了文天祥的《过零丁洋》，既为那时国家“山河破碎风飘絮”的惨状感到悲哀，也对古人“留取丹心照汗青”的爱国情怀感到敬佩，令我一生难忘。当时深圳发展刚刚起步，没有多少像样的建筑物，基本上还是个小渔村。我们还参观了正在建设中的曾经创造了“三天建一层”深圳速度的深圳国际贸易中心大厦工程。看看深圳今天的面貌，想想30多年前的状况，真可谓翻天覆地，令人难以想象。

由于抑制信贷、投资、消费等宏观控制措施的持续实施，1986年第一季度工业增速从上年的23%下滑到4.4%。虽然降幅之大多少有点儿出乎预料，但考虑到上年同期的超高增速和较大基数，还是有一定的合理性，是可接受的。但增速回落过程却暴露出一个突出的结构性问题，即上海等一些基础比较好、效益比较高的城市和地区增速反而下降更猛甚至出现负增长。为了弄清情况，吴老师决定到上海进行实地调研，随同一起去的还有李剑阁和我。在上海，除了与市政府领导、政府相关部门、相关企业进行座谈外，我们还与上海的一些专家学者进行了交流。调研得到的结论是，上海工业快速下滑的主要原因，是能源原材料的短缺，当时称之为“短线约束”，而出现这一问题的更深层原因有二：一是由于那几年上海周边乡镇企业等发展很快，能源原材料本身不足；二是相对于乡镇企业、民营企业等灵活机制而言，上海工业主要是国有大企业，改革滞后，机制不活，无法通过竞争从市场上获得更多原材料。上海的同志中普遍存在对20世纪50年代计划经济的怀念，希望国家通过计划和物资调拨保障其能源原材料供应。而我们的建议是，一方面加快能源原材料工业发展，增加供应，另一方面加快对国有企业的改革，扩大自主权，使其有能力在市场上与其他经济成分展开竞争。

四 研究领域的逐步扩展

1990年初，经济动态组改为经济综合研究部，除继续承担经济形势动态分析工作外，还承担社会发展研究职能。

1991年随同吴敬琏先生在海南调研，左二为周小川先生

1993年，我被任命为经济综合研究部副部长，部长是程秀生先生，我研究工作的主要领域仍然是经济形势分析和对策。同时，根据我国经济形势变化和政策咨询研究的需要，我先后就通货膨胀问题、金融资产总量与结构问题、经济周期波动观测指标问题、全要素生产率问题以及国有企业改革问题等进行了重点研究，独自撰写了一些研究报告。1995年，我与综合部同事余斌先生还参加了由北京大学胡代光教授牵头的萨缪尔逊《经济学》第14版的翻译工作，我负责的主要是宏观经济学的部分章节。翻译经典著作需要字斟句酌，实际上是一次很好的对宏观经济学理论的精读和巩固过程。此书于1996年由北京经济学院出版社出版。

1997年初，中心党组在向国务院领导汇报工作时提出，当前经济形势总体很好，不存在足以振荡全局的紧迫性问题，如果说对全局影响较大的，那就是国有企业的不景气以及由此派生的问题，包括经济增长后劲问题、金融财政问题和城市居民就业问题等。为此，中心建议把加强和深化国有企业改革作为1997年重点研究项目。此意见得到国务院领导同志的同意。随后，中心决定此课题由吴敬琏先生负责，课题组主要成员有刘世锦、陈小洪、王元、葛延风和我等人。我除了作为课题组的协调人负责课题的组织协调工作外，主要承担子课题一，即“国有经济战略性改组的方向”的研究任务。为了配合党的十五大的召开，在吴先生的领导下，1997年1～4月，课题组进行了紧张的调查研究工作，于5月上旬向中央领导呈交了题为《实现国有经济的战略性改组》的研究报告。1999年孙冶方奖评奖时，吴先生推荐子课题一的报告即《国有经济的职能错位与战略性改组的基本方向》参评，并坚持只署我、吕薇和熊贤良三个报告执笔人的名字，而没有署他自己的名字。该报告最终荣获第八届孙冶方经济科学奖，虽然获奖者是我们三人，但其实我们心里明白，报告是在吴先生的领导和具体指导下完成的，他的贡献要远远大于我们的贡献。实际上，我个人从1993年前后就开始关注和研究国企改革问题，并发表过一些文章，经过这次参加吴先生负责的课题研究之后，国企改革及相关的理论和实践问题，成为我一直关注和研究的一个重点领域。

1998年11月，我被任命为国务院发展研究中心市场经济研究所所长，直到2004年9月，任期6年。市场经济研究所的前身是1981年成立的国务院价格研究中心，1985年国务院经济研究中心、国务院技术经济研究中心与国务院价格研究中心（简称“三个中心”）合并时改为“价格组”，1990年改为市场流通研究部，1994年改为市场经济研究所。因此，虽然名称上用了“市场经济”，但实际研究工作重点，仍然更多偏向狭义的市场问题，包括市场流通、价格形势、市场秩序、各类有形和无形市场的建设与发育，以及与居民消费需求相关的重要问题等。其间，我的研究工作除继续关注宏观经济形势特别是市场形势、经济体制改革尤其是国有企业和国有资本管理体制改革等之外，还针对当时市场秩序不良的问题，先后组织开展了社会信用体系建设研究、竞争与规制政策研究、直销立法问题研究、打破地方保护主义研究等。2002年，我组织市场经济研究所部分研究人员翻译出版了由世界银行专家撰写的《中国的公司治理与企业改革》（中国财政经济出版社，2002年）一书。

2004年10月，我被调任国务院发展研究中心发展战略和区域经济研究部（简称“发展部”）部长，直到2010年的10月，任期也是6年。发展部的前身是原国务院技术经济研究中心的“综合组”，1985年国务院经济研究中心、国务院技术经济研究中心与国务院价格研究中心合并时改组为“发展预测组”，工作重点是进行中长期经济发展预测及发展战略研究，1992年改称“发展预测研究部”，1998年国务院发展研究中心再次“三定”时增加区域经济发展研究职能，改为现名称。因此，发展部的研究重点是两个方面：一是中长期发展战略研究，二是跨区域发展战略研究。对我来讲，前者一直是自己关注和研究的问题，相对来讲要熟悉一些，而后者之前关注和思考较少，需要学习和补课的任务就比较重。

2008年底，为了纪念改革开放30周年，我对改革的历程进行了认真反思和研究，撰写了题为《中国改革的五条成功经验》的研究报告。同时，我组织发展部的专家学者，对改革开放以来中国区域战略政策及发展格局演变等进行了系统梳理，编写和出版了《中国区域政策与区域发展》一书。

2009年9月，在中华人民共和国成立60周年之际，我被组织安排在第十七届中共中央政治局第十六次集体学习时进行讲解。这次集体学习的主题是“新中国成立以来对社会主义现代化的认识和实践”，另一位讲解人是中央党史研究室第二研究部郑谦研究员。为了准备这次讲解，我集中学习研究了有关现代化的文献，包括相关理论、国际经验等，并发表了《关于我国现代化面临形势和任务的若干思考》（《中国发展观察》，2009年第9期）一文。

任发展部部长期间，根据国务院发展研究中心安排和研究工作需要，由我负责组织和完成了不少研究课题，并以课题组的名义出版了不少专著。比较重要的有：“转变增长方式研究”，完成题为《转变经济增长方式　走新型工业化道路》（刊载于王梦奎主编的《中国中长期发展的重要问题》，中国发展出版社，2005年）的研究报告；“区域科学发展评价体系研究”，出版《中国区域科学发展研究》（中国发展出版社，2007年）；“主体功能区研究”，出版《主体功能区形成机制和分类管理政策研究》（中国发展出版社，2008年）；“临空经济研究”，出版《临空经济发展的战略与对策——以首都国际机场为例》（经济科学出版社，2008年）；“行蓄洪区管理体制和政策研究”，出版《淮河流域行蓄洪区管理政策研究》（中国发展出版社，2009年）；“中国认证认可发展战略研究”，出版《中国认证认可发展战略研究》（中国标准出版社，2010年）；“行政区边缘地带经济发展案例研究”，出版《菏泽市构建科学发展高地战略研究》（中国发展出版社，2010年）；组织发展部研究人员翻译出版了丹尼·罗德里克的《一种经济学，多种药方——全球化、制度建设和经济增长》（中信出版社，2009年）。

2010年11月，我被调任中心办公厅主任，自2013年3月起任中心副主任。除根据分工安排和决策咨询需要做好相关的课题研究之外，从自身研究来讲，这个时期我关注的重点，主要是我国经济形势的动态变化及对策、发展阶段变化及新动能培育，以及改革的深化问题等，发表的文章、讲话等基本上都集中在这些方面。

五　三次重要交流、访学和培训活动

1988年11月，根据国务院发展研究中心安排，我被借调到新华社香港分社（港澳工委）研究室工作，1990年2月回京。主要任务是研究香港经济运行规则及对我国内地改革的借鉴意义。在一年多的时间里，我先后研究了香港特区政府在经济发展中的作用、香港的货币银行制度、香港财政运作的基本规则、香港股票市场监管制度、香港期货市场监管制度、香港纺织品出口配额管制制度等，独立或合作完成了6篇研究报告。那时香港尚未回归，还在英国管制之下，到香港工作，是我有生以来第一次出境。刚到香港时，一方面为香港市场上物品之丰富所惊叹，另一方面是感觉什么都很贵。当时港澳工委给我的工资是每月400美元（约3000港元）左右，吃住基本不要钱，应当说是不少的，尤其是与当时我在内地每月100多元人民币的工资相比，更是天壤之别。但即使如此，刚开始总习惯把香港的价格换算成内地价格，因此什么也舍不得买。现在回想起来，真是令人无限感叹。

2001年2月到2002年2月，经过中心同意，我获准到美国做了为期一年的访问研究。头4个月，我参加了一个中美学者交流项目，在芝加哥洛约拉大学（Loyola University Chicago）做访问研究。我一面进行学习研究，一面进行学术交流。在学习方面，除了选听了一些我比较感兴趣的课程外，重点研究了现代公司组织和治理问题。在交流方面，主要是应邀参加校内外各种学术活动，介绍中国改革发展的思路、所取得的成就以及所面临的问题。在芝加哥期间，记得是2001年的4月间，发生了中美南海撞机事件。当时经济系一位教授专门来到我的办公室，对我说他很反感美国现在的做法，他说美国现在就像一个恶霸（他用的是“bully”一词），到处仗势欺人。他说着还用胳膊肘子撞了我一下，意思是说，美国现在就是这样：我比你厉害，撞你了又怎么样？现在想起来，既觉得有意思，也觉得美国民众中不乏善良的人。后8个月，即从2001年的6月到2002年的2月，经好友张春霖先生推荐，我被世界银行聘为短期顾问（Short-term Consultant），到华盛顿世行总部做短期交流研究。当时工作的单位是世行东亚局的私营部门处（Private Sector Development，简称“PSD”），主要工作职责是就世行的一些涉及中国的研究项目提供咨询意见。记得我当时主要的工作搭档是一位印度籍专家，名叫Arvind Gupta，他当时在研究中国国有企业改革经验，经常找我咨询聊天。Arvind人非常聪明，对中国国企改革和发展的做法和经验很感兴趣，就是他的印式英语不大好懂，不过，经过与他多次交流，我的英语听力水平有了比较大的提高。

在世行访问研究期间，正赶上美国“9·11”恐怖袭击事件。记得“9·11”事件那天我刚到办公室不久，大约是早上9时，楼里突然响起大喇叭广播，要求大家马上离开大楼。我怕自己没有听准确，就马上去找了PSD的负责人Lou Brefort先生。Lou Brefort先生是个法国人，他说是纽约世贸大厦发生恐怖袭击，不是针对我们的，但大家必须马上离开。走出世行大楼，我发现大街上的人明显比以往要多，坐上地铁，人也比平时多。大家脸上表情都很严肃，但秩序很好，没有恐慌的情绪或嘈杂的声音。回到住地打开电视，发现几乎每个台都是一样的主题和内容：“America Under Attack”，并不断循环播放飞机撞击世贸大楼双子塔的画面。我很快从电视上得知，五角大楼也遭到恐怖袭击，而我住的地方离五角大楼也就两站的距离。

从1989年去中国香港到这次来美国，我的一个深切体会就是这10年间中国的发展变化给每个人生活所带来的影响。从我的亲身感受及与到美国短期访问研究的其他中国人的交流来看，最明显的变化有二：一是大家不再拼命攒钱了，该吃吃，该花花，生活从容得多了；二是不再热衷于购买国外的彩电、冰箱、微波炉之类的电器，而是更多地买保健品、衣服箱包以及数码相机等国内没有、国外更便宜或品质更好的东西。另外，中国学者与美国学者之间的交流，不再限于中国人向美国人了解学习，而是更多地双向交流，越来越多的美国机构和个人希望更多地了解和理解中国改革的进展、中国人的思维逻辑以及今后的发展方向。

2005年3月1日到2006年1月13日，根据组织安排，我到中央党校参加了为期一年的第21期中青年干部培训班，俗称“中青班”。开始我并没有太在意“21”这个数字，后来仔细一想，每年一期，就是说从1984年就开始办了，而且还听说当时的总书记胡锦涛就曾是第2期的学员，我不由从内心感叹党中央的战略眼光和对干部培养的重视。现在回想起来，这也应当算作中国改革开放能够取得成功的一条重要经验。在中央党校的一年里，除了完成好学校规定的各项学习培训任务外，从研究工作的角度讲，主要有三件事情值得一提。一是完成了一篇理论文章，题为《马克思“两个决不会”思想与现阶段我国的所有制改革》。所有制与社会性质的关系一直是我思考的一个问题，我一直想写一篇理论文章，到党校后正好有时间静下心来看书学习和思考。二是利用暑期到青海和甘肃两省进行资源环境和可持续发展实地调研，完成了题为《关于河西走廊水资源和可持续发展的几点思考》的调查研究报告。三是结合对新加坡的访问考察，撰写了题为《新加坡经济社会发展的经验及对我们的启示》的研究报告。

贰

主要研究领域和政策意见

离开学校后我一直都在国务院发展研究中心工作，因此，我的经济研究具有三个显著特点：一是所关注的问题与我国发展改革形势变化及党中央国务院的决策咨询需求密切相关；二是研究领域与我所在部门的职能定位及不同时期所承担的政策咨询研究任务密切相关；三是研究成果有许多没有公开发表，而是以内部研究报告的形式刊印。

一 经济形势与调控对策研究

经济形势动态分析和对策研究是我经济研究生涯中持续时间最久、撰写研究报告最多的一个领域。这不仅是因为参加工作后我所承担的第一项工作职责，就是在动态组做经济形势分析，而且因为一干就是10多年，是我研究工作中承担的持续时间最长的一项工作职责。如果说有什么特点的话，那就是我对经济形势动态的分析，不是就事论事，而是力求结合经济发展阶段、经济景气循环周期背景及体制转轨时期的特殊环境探寻深层原因，在提出对策建议时，也是力求避免“头痛医头，脚痛医脚”，充分考虑为推进改革创造环境、调整优化经济结构、转变发展方式等需要，力图把总量政策与结构政策相结合，把短期政策与中长期政策相结合，把发展政策与改革政策相结合。

1. 根据不同时期的形势特点提出对策建议

经济形势动态分析和对策研究工作的一个显著特点，就是在当时十分重要，而一旦时过境迁，其意见建议等就只有研究参考及资料价值。我从事经济研究工作40多年，对经济形势的调查研究基本没有中断，在不同时期甚至不同年份都有不同的分析和建议，但限于篇幅，不可能将其一一列出，这里只举几个重要时期的例子加以说明。

（1）关于经济增长的短线约束与对策。

20世纪80年代后期到90年代初期，我国经济改革虽然取得了不小成就，但总体来讲“短缺经济”的弊端尚未根本消除。这种短缺不仅表现在需求方面，即消费品的短缺，也表现在供给方面，即生产资源的短缺。换句话说，那时对增长的有效约束，主要不是市场问题，而是资源问题，尤其是短线资源的不足。这个问题最早提出是在1986年初。当时的背景是，1985年全年工业增速高达23%，而1986年第一季度猛降至4.4%。对此，一种观点认为是银根控制过紧、企业流动资金不足所致，而我们经济动态组在吴敬琏先生的带领下，通过对上海等地的实地调研发现，流动资金不足只是个表面现象，更深层次的原因在于短线资源的供给不足，以及改革滞后导致的国有企业与乡镇企业之间竞争不公平和资源配置的不合理。我们主张在不放松需求控制的前提下着力深化改革、增强短线、优化结构。这个意见和建议集中体现在1986年6月发表在《经济研究》上的《论经济增长的有效约束》一文中。这篇文章的署名是“吴季、张军扩、岳冰、李剑阁”，其中的吴季，其实就是吴敬琏先生和时任经济动态组副组长胡季先生，因为当时他们二位希望给年轻同志更多机会而不愿署上自己的名字，所以后来就以他们二位的名字各取一字代之。

1993年初，针对1992年以来经济高速增长、通货膨胀压力加大、结构矛盾凸显的情况，我又发表了《高速增长与短线约束——1992年经济形势及今后宏观政策取向分析》一文。在这篇文章中，我重点分析了造成我国基础设施和基础产业长期发展滞后的体制根源，并提出对策建议。我指出，改革开放10多年以来，我国在搞活微观经济方面有许多举措，如鼓励非国有经济发展、扩大地方和企业经营自主权、扩大价格市场调节比重等，不仅使我国微观经济活力大大增强，也使得运行机制发生了很大变化。但在另一方面，在宏观经济领域实现结构动态优化的一些改革却显得迟缓。这包括基础设施和基础产业的价格形成、价格调节和价格管理机制，国有大中型企业转换运行机制，以及财政、金融宏观调控机制等方面。这些方面改革的滞后，形成了经济体制中的短线，从而制约了宏观经济动态优化过程的实现。这突出表现在以下三个方面：一是基础设施和基础产业价格相对加工工业产品价格来说长期偏低，且国家控制较严，这不仅对投资缺乏吸引力，而且使现有运营长期处于政策性亏损状态，无力进行自我积累和自我发展。二是由于我国基础产业中的企业基本都属于国有大中型企业，而这类企业改革滞后，经营机制缺乏活力。三是财政金融体制改革滞后，缺乏引导社会资金投向的政策金融机制。“六五”以来，我国一直强调加快能源、交通、原材料等基础产业建设，但结果总是难遂人愿，其主要原因就是缺乏引导投资的有效机制。各行各业忙于搞基建，盲目扩张加工业，而获利微薄的基础设施和基础产业建设只由政府投资，且不说这种投资的效果如何，就以投资规模的不断扩大和财政紧张的状况来说，政府就难以承受。参考国外经验，看来最有效的办法，就是对那些必须投资的基础设施，除了政府给予必要的财政资金保证外，还应通过建立政策金融，以贴息、低息贷款、贷款担保、财政补助以及政策优惠等方式，引导和鼓励社会资金投向这些领域。

总之，制约我国经济快速增长的主要因素，是基础设施承负能力和基础产业供给能力的增长严重滞后于整体经济发展对其需求量的增长。在这种情况下，通过挖潜、超负荷运转，虽可支撑一定时期的经济增长，但要想维持长期持续的增长和每隔几年上一个新台阶，则是困难的。而不解决经济体制改革中的“短线”，经济结构的不协调就不能从根本上得到消解。因此，今后经济工作的重点，不应放在促进经济的短期繁荣上，而应放在加快对上述经济体制“短线”的改革上。宏观经济政策的重点，应是防止总需求的过度膨胀，避免发生严重通货膨胀，并在保持经济社会环境基本稳定的情况下，大步推进长期滞后的改革环节。

（2）关于内需不足的结构性根源及对策。

2001年中国GDP（国内生产总值）增长7.3%，2012年上半年增长7.8%。尽管这样的增速从世界范围来讲并不算低，但从当时我国经济所处的发展阶段、市场潜力、资源条件等方面来看，这样的增长率却并不算高。经济增速不够快，直接的原因是市场需求不足，生产能力特别是一般加工工业生产能力大量过剩。但为什么中国在发展水平还处于比较初级的阶段就出现市场需求的严重不足和生产能力的大量过剩呢？通过研究分析，我发现当时制约内需增长的因素主要是民间投资需求增长放缓，而民间投资需求不足的根源在于体制缺陷。民营企业虽然相对来讲机制较灵活，但在投资兴业的环境方面却存在诸多制约因素，主要的问题包括对民营企业的产权保护不足、行业准入限制过死，以及民营企业在融资贷款方面面临种种困难。

因此，我提出，当时我国经济发展所面临的内需不足问题，虽然表面看来是个需求问题，但其深层原因却在于供给的结构矛盾和经济体制缺陷。在这种情况下，通过扩大需求的政策虽然可以在短期内防止经济下滑，但却难以从根本上解决问题。正确的选择，只能是在采取扩张性财政政策、维持短期经济稳定的同时，加大深化改革和结构调整的力度，营造公平有效的市场竞争环境，增强企业投资创业的活力和积极性。为此，我提出三点建议：一是建议实行增值税转型（由生产型增值税转为消费型增值税），以增强企业投资能力和投资积极性。二是切实解决民营企业和中小企业发展中的问题。一方面，要以加入WTO（世界贸易组织）为契机，尽早放松对民营经济在行业准入方面的种种限制；另一方面，要从根本上解决民营企业和中小企业的融资难问题。三是要努力推进国有企业改革和国有经济改组。

（3）关于处理好稳增长、推改革与调结构的关系。

2015年上半年，我国经济增长7%，比2014年全年增速回落0.4个百分点。在这种情况下，如何全面分析和认识经济形势、如何确定下半年的经济政策，成为当时一个热点和重点问题。我于7月中旬在《经济日报》上发表了《分析经济形势要有全面和综合的观点》一文，提出的意见和建议包括：

第一，现阶段分析经济形势，不能把眼光仅仅盯在增速上，而要根据我们面临的形势和任务进行综合判断。理解经济新常态，十分重要的一点，就是要区分发展环境的新常态和发展方式的新常态。前者实际上已经成为现实，它要求发展方式的新常态与之相适应，否则经济的持续健康发展就会失去基础。但发展方式的转变是个慢变量，不可能一蹴而就，更不会随着环境的变化而自动生成，而是需要我们积极主动作为，通过改革创新、不断努力去争取。特别需要指出的是，与发展环境新常态下保持短期稳定增长相比，推动形成新的增长动力和发展方式的新常态，更加重要，更加根本，因为它不仅决定着我们能否顺利实现从高速增长向中高速增长的转换，也决定着我们能否顺利跨越“中等收入陷阱”而成功跨入高收入社会。因此，现阶段我们必须在采取措施稳定短期增长的同时，把更多的精力放到促进形成新的增长动力和新的发展方式上，并通过加倍努力确保其成功实现。

第二，综合分析我国当前经济形势，总体来讲符合经济发展阶段转换客观规律，也符合调控政策预期目标。一是增速虽然下降，但仍处在潜在增速的范围之内。根据我们对世界上不同国家发展经验的研究，目前我国面临的增长阶段转换，基本上符合后发追赶型经济体增长过程变化的一般规律，7%左右的增长速度，也符合大多数学者对现阶段我国经济潜在增长率的判断。二是在经济总体下行的情况下，就业和居民收入形势总体稳定。这既是经济增长的最大成就，也是我们推进结构优化升级最为有利的条件。三是经济结构进一步优化。城乡收入差距继续缩小，节能减排取得新进展，环境质量也有所改善，新产业、新业态快速增长。四是矛盾和风险有所化解。这些积极的方面、好的方面使我们看到了结构优化的曙光，增强了对未来经济增长逐步趋稳的信心。当然，在看到这些积极的、好的一面的同时，对于当前经济运行中存在的一些突出问题也不能忽视，并需要采取相应的对策努力加以解决。比如，当前财政金融风险问题依然突出，对此决不可掉以轻心。市场秩序不规范、相应的金融支持不到位以及行政行为的不当干预等，使得市场机制在实现企业优胜劣汰和产业结构优化升级方面的作用难以充分发挥。另外，在经济下行压力较大的背景下，当前一些经济数据之间的相关性出现较大变化，经济信息的全面性、有效性问题也需要引起重视。

第三，今后一个时期需要继续坚持稳中求进的工作总基调，在保持经济基本稳定的情况下着力推进各项改革，为加快形成发展方式的新常态奠定体制基础。一是继续做好需求管理，以缓冲性政策为结构调整赢得时间，创造环境。在坚持精准发力、不搞大水漫灌式刺激的情况下，加大积极财政政策力度，着力释放或支持正常的投资和消费需求，防止由于预期变化导致的经济惯性下滑。二是在供给方面，要继续采取简政放权、放管结合政策，打破垄断，规范秩序，促进良性竞争和优胜劣汰，释放增长潜力。三是完善社会保障体制，防范系统性金融风险，保持经济社会大局稳定。在保持经济运行处于合理区间、风险总体可控的前提下，把转方式调结构放到更加重要位置，着力推进十八届三中全会确定的各项重要改革，为新的增长动力和发展方式的形成奠定体制基础。

2. 货币、物价与经济增长的实证分析

这项研究是在1988年针对当时在我国部分经济工作者中流行的一些观点和认识而进行的。这些观点包括：货币的适当超前供应有利于促进经济增长；物价总水平的上涨（特别是在我国情况下），并非是货币供应量过多引起的，而是其他供应方面的特殊因素所引起的；物价的大幅度上涨，是经济高速增长过程中，特别是落后国家经济起飞过程中所不可避免的。甚至还有人主张，通货膨胀可以被用来积累资金、加强重点建设、改善不合理的分配格局等。在这种情况下，我运用中国和世界上94个国家和地区的实际数据，对通货膨胀与经济发展的关系进行了实证分析。

（1）从较长时间来看，货币的超前供应不仅不利于经济增长，甚至有损于经济增长。

利用1953—1987年35年间我国国民收入比上年增长率、市场货币流通量（即现金）比上年增长率和广义货币量M2（即现金+企业、团体、部队、信托和其他存款）比上年增长率的实际数据进行回归分析，我们得到国民收入增长率与现金增长率的相关系数为-0.0126，国民收入增长率与M2增长率的相关系数为0.0958。这说明，从我国35年的经济发展经验来看，货币供应量增长率与经济增长率之间不具有明显的相关关系。

为了从更广泛的范围内进行分析和验证，我选择了世界上94个国家和地区1980—1985年年平均名义货币量增长率、年平均国内生产总值增长率和年平均通货膨胀率（即国内生产总值平减指数=按现价计算的国内生产总值÷按不变价计算的国内生产总值）的实际数据进行分析。结果发现，货币增长率与经济增长率之间的相关系数为-0.2644，不仅绝对值很低，而且为负数，说明二者只具有微弱的负相关性。

（2）通货膨胀（物价总水平的上涨）最终是一种货币现象。

利用中国1953—1987年的实际数据，我们算得，当年零售物价指数上涨率与当年现金增长率的相关系数为0.4502，与上一年现金增长率的相关系数为0.6505。很明显，零售物价指数上涨率与上一年现金增长率的相关性较高。分阶段看，零售物价上涨指数率与上一年现金增长率的相关系数，1953—1978年为0.6504，1978—1987年为0.8130。这说明，在经济改革以来的10年中，由于国民经济货币化加深，物价上涨与现金增长的相关性更加密切了。

运用世界上94个国家和地区1980—1985年的实际数据进行分析，结果发现，通货膨胀率和货币量增长率的相关系数高达0.9933，显示出高度的相关性。而如果将货币增长率减去经济增长率，即货币超发率，再与物价涨幅进行相关分析的话，相关系数为0.9944，又有微弱升高，充分表明二者关系高度密切。当然，这种分析只从现象层面说明通货膨胀与货币超发之间的关系，从政策制定的角度，要想有效控制货币量的过快增长，仅仅依靠简单地卡住货币供应的龙头是不够的，而必须首先弄清迫使货币供应量过快增长的背后原因，以便对症下药。

（3）通货膨胀不仅不是与高速增长相伴而生，而且是与持续的高速增长相悖。

根据中国1953—1987年各年国民收入比上年增长率、国民收入平减指数（即按现价计算的国民收入/按不变价计算的国民收入）比上年增长率以及零售物价指数比上年增长率的实际数据，我们计算得到国民收入增长率（代表经济增长）与国民收入平减指数增长率（代表通货膨胀率）的相关系数为–0.4826，国民收入增长率与零售物价指数的相关系数为–0.5248。利用世界上94个国家和地区的数据，得到通货膨胀率与经济增长率之间的相关系数为–0.3079。这说明，无论是中国自身的经验还是世界其他国家和地区的经验，都不能够证明经济的高速增长与高通货膨胀率之间存在任何正相关关系，通货膨胀不仅不是与高速增长相伴而生的，而且是与高速增长相排斥的。长期以来，在我国经济学界流行这样一种观点，即认为在发展中经济体经济高速增长过程中，通货膨胀是不可避免的，而从我们的实际计算结果来看，这种认识恐怕缺乏事实依据。

（4）抑制总需求、控制通货膨胀应成为今后必须坚持的经济方针。

考察我国经济改革以来的经济发展过程，造成货币供应量过快增长的因素，既有来自需求拉动方面的，也有来自成本推动方面的。有的是旧体制所固有的，只有在进一步深化改革的过程中才能逐渐消除；有的则需要从根本上摒弃旧的经济发展模式方能克服。要想有效控制货币量的过快增长，必须采取综合措施。当然，宏观控制只能为市场机制的有效运转和经济政策的有效作用创造条件，而要保证经济的有效增长，还必须在宏观控制的前提下，努力推进全面配套改革和经济发展战略的转变。否则，宏观控制就会陷入膨胀—紧缩—再膨胀的循环，最终也会损害经济的稳定增长。

3. 体制转轨时期经济周期波动观测指标研究

这是对经济形势分析方法论的一个探索。经过多年的经济形势分析工作，我认为，在经济改革和体制转轨时期，一方面，各种经济参数受改革举措和政府行政措施影响很大；而另一方面，经济参数之间的关系以及所表示的经济含义，也会因为改革措施的出台而发生变化。因此，这个时期的经济形势分析既不同于过去计划经济时期，也不同于相对成熟的市场经济环境。虽然难度增大，但也不是无规律可循。在这种情况下，我于1994年撰写了题为《体制转轨时期经济周期波动观测指标研究》（上、下）（《国务院发展研究中心调查研究报告》，1994年第130号、第131号）的研究报告，这既是对过去若干年间自己从事经济形势分析工作经验、心得的总结，也是对这个问题的一种理论思考。虽然时间已经过去20多年，我国的经济环境已经发生很大变化，但我国经济体制改革并没有完成，经济体制依然处在转型过程当中，其中的一些分析仍然具有研究参考价值。

我首先梳理了改革开放以来我国经济学者经常用以分析和观察经济波动的七个主要指标，然后逐个分析了这些指标在体制转轨时期的适用性和有效性问题。这七个指标是：①经济增长率。②物价变化。③居民收入、消费与储蓄。④固定资产投资。⑤信贷规模和货币投放。⑥库存变化。⑦对外贸易与外汇储备。它们可以大致分为两类：前两个指标是经济波动的基本指标。所谓经济波动主要指这两项指标的上下波动，或者说，经济的波动就是通过它们反映出来的，因此可以大体上称为经济波动的观测指标。而后五个指标，则不仅是经济波动的组成部分，而且都从一定的侧面影响和制约着总体经济波动的变化，因此是分析和预测经济波动的主要指标。

（1）经济增长率。

一般来讲，GDP或GNP增长率是最综合的增长率指标，但在经济波动分析中，工业增长率指标更为重要。这是因为，在GDP当中，农业增长的波动受自然条件影响甚大，而第三产业的波动是以工业的波动为基础的。换句话说，工业的波动是最典型和最基本的波动。在体制转轨时期，运用增长率指标观察、分析经济波动应主要注意以下三点：一要充分认识体制转轨对经济增长的推动作用；二要考虑到增长率总量分析的局限性；三要注意统计口径变化和统计指标“水分”对增长率的影响。

（2）物价变化。

除了伴随着经济波动而出现的物价波动外，在体制转轨时期，物价水平的变化还会呈现出许多不同寻常的特征，突出表现在由于某些改革措施出台而对物价水平所产生的影响。归纳起来，主要有以下几个方面：一是价格放开使以前价格管制情况下已经存在的隐蔽的通货膨胀显性化；二是只升不降式的价格调整导致物价总水平上升；三是暗补改明补，名义价格上涨。此外，在体制改革过程中，工资制度改革、财税体制改革及外贸外汇体制改革等，都会从需求或成本方面导致价格水平出现不同程度的上涨。

（3）居民收入、消费与储蓄。

在体制转轨时期，运用居民收入指标分析经济状况应注意把握以下四点：一是居民收入的波动有时并不是经济波动的反映，而是某些改革措施影响的结果；二是由于居民收入的隐形化，现行的收入指标很难反映居民收入的全貌；三是要重视对收入结构的分析；四是不能再用居民收入指标代替居民消费指标。过去，居民收入水平较低，且收入统计比较准确，消费与收入的关系比较稳定，用收入指标代替消费需求误差不大。但是，在经济体制与发展模式的快速转变时期，居民收入中越来越大的部分并不直接用于消费，而是用于储蓄。在这种情况下，再继续用居民货币收入代替消费需求来分析经济运行，就可能出现误判。

（4）固定资产投资。

改革开放前，中央计划带动投资扩张，从而带动整个经济的扩张。当这种扩张遇到国内资源的硬约束时，扩张被迫停止，进入结构调整和恢复休养阶段。经过一段时间的整顿，结构有所改善，储备有所增加，又会酝酿新一轮投资扩张。改革开放以来，随着投资决策权的下放，推动投资扩张的主要力量逐步由中央向地方政府和企业转移。虽然中央计划在投资的扩张与收缩中仍然起着十分重要的作用，但随着市场化改革的深入，地方政府和企业的投资动机和投资方向越来越受到市场力量的引导和制约。在分析固定资产投资规模和走势时，除了运用生产资料价格和消费资料价格进行判断以外，常常使用的指标还包括固定资产投资年度规模、基本建设在建总规模、新开工项目变化等。一般而言，年度规模及其使用进度适合于判断当前的投资需求状况；在建总规模扣除已完工部分，是需要再投入的部分，因此表示近期内投资扩张的压力；而新开工项目变化，则代表投资变化的动向，适合于判断投资政策的效果和今后投资的走势。

（5）信贷规模和货币投放。

随着改革的深入和体制的转变，不论作为监测指标，还是作为调控手段，信贷额度指标的有效性都在不断降低。从发展方向来看，今后的金融监控指标必须转向货币量指标，政策工具必须转向三大间接调控手段，即准备金比率、再贷款利率及公开市场操作。货币供应量指标有不同的层次，究竟哪一个指标更适合我国，需要进一步探索和实践。需要指出的是，在体制转轨时期，受改革措施出台时机和力度的影响，货币供应量指标也会表现出一些不同寻常的特征。主要有两点：一是经济货币化程度加深，即过去不使用货币的交易转变为货币交易，例如农民用粮食换白菜改为用货币作为媒介进行交易。这一因素在改革初期影响较大，据粗略估算，仅此一项每年需要使货币量增长率高出正常值3～5个百分点。二是各类新兴的商品和金融市场，包括房地产市场、技术信息市场、劳动力市场以及股票市场、期货市场等，都需要新增加营运资金，这无疑增加对货币供应量的需求。

（6）库存变动。

库存既是分析经济周期波动最有用和最重要的经济指

标，也是变化最为复杂、分析难度最大的经济指标。库存变动首先要区分是企业主动行为，还是被动行为。企业主动增加库存，除特殊时期明显的囤积投机外，一般可以视为企业看好经济发展前景，希望增加流动资产投资和扩大生产规模；而企业库存被动增加则在大多数情况下反映企业产品销售不畅。其次，库存变动应当区分为生产资料库存变动和消费品库存变动。生产资料库存又进一步区分为生产企业库存、使用企业库存、流通环节库存。消费品库存主要区分为企业库存和流通库存。类型不同，所代表的含义都会不同。

（7）对外贸易与外汇储备。

在体制转轨时期，运用国际收支状况观察和分析经济波动状况应注意把握以下几点：一是随着改革的深入和发展水平的提升，需求约束的作用越来越明显。在存在充足的外汇储备的情况下，需求制约的加强很可能使经济增速放缓。二是对外汇储备规模指标需要用新的观念看待。过去，由于我国创汇能力低，外汇需求量大，外汇储备长期不足，因而使人们逐渐形成了外汇储备越多越好的认识。但最新的经验证明，外汇储备增加到一定限度，也有明显的不利影响。特别是在外汇体制改革没有最终完成，外汇市场流通还不畅通的情况下，更是如此。最明显的问题是它会扩大中央银行的基础货币投放，增强通货膨胀压力。三是要注意改革措施及政府政策对贸易收支的影响。比如，进口可能会由于限制政策的放宽、外商投资的大量增加等因素而出现大幅度增长。外汇体制改革以及由此引起的人民币汇率实质上的贬值，也会对扩大出口、抑制进口产生十分显著的作用。

因为体制转轨时期的经济周期波动既受经济发展内在规律的制约，又受政府经济政策特别是一些改革措施出台的影响，所以对体制转轨时期经济周期波动的分析和预测不可能有固定的模式，只能根据具体情况进行具体分析。

二 发展阶段与增长方式研究

1. 对改革初期我国经济发展所处阶段的思考

我关注和研究经济发展阶段问题始于1986年。这个时期我的研究工作重点是经济形势动态分析，对经济发展阶段的研究既可以说是经济形势分析与对策研究的一个延续，也可以说是个支撑。所谓延续，是因为有些短期分析，追根问底，最终就追到了阶段性原因；而所谓支撑，就是研究短期问题，就需要首先把经济所处的发展阶段背景、面临的主要矛盾和主要任务等搞清楚，否则短期问题也很难说清。为了推动发展阶段研究，1986年9月国务院发展研究中心经济动态组在成都金牛宾馆举办了“中国经济发展阶段研讨会”，吴敬琏同志主持会议，时任中心副主任的张磐同志参加会议。来自有关经济研究所、高等院校以及经济工作部门的专家、学者共50多人参加了会议。研讨会主要针对目前我国经济所处的发展阶段、所面临的根本矛盾和主要问题，以及应当采取的策略等进行了讨论。正是在这样的背景下，我撰写了题为《现阶段我国经济发展的几个主要问题》的研究报告。此报告刊登在原国务院经济技术社会发展研究中心编印的《经济技术社会参考资料》1986年第62期（公开发表于《经济工作者学习资料》，1987年第37期），是我参加工作后独立撰写的第一篇关于中国经济中长期发展问题的研究报告。在这篇报告中我主要阐述了以下一些观点。

（1）从当时我国经济发展的实际情况和世界经济发展的一般规律来看，我认为当时我国正处在为经济起飞创造前提的阶段。

（2）这个阶段面临的主要任务有二：一是加强基础设施和基础工业建设，建立能够支持高速成长的经济结构；二是推进经济体制改革，建立能够有效配置资源的经济体制。

（3）对于我国的经济起飞来讲，经济效益的提高具有关键作用，而阻碍效益提高的根本因素是经济体制不健全，突出表现在价格体制、财政体制、企业体制等方面。因此，提高效益的根本途径在于积极稳妥地推进经济体制改革。

（4）克服通货膨胀，保持物价相对稳定，是保证经济长期健康发展和经济体制改革顺利推进的一个基本条件。

（5）改革过程从“双轨制”开始，并逐步过渡到单轨的策略，具有一定的合理性，但双重体制并存的情况不能久拖不决，否则不仅损害经济效益，也会使已经取得的改革成果得而复失。

2. 对全要素生产率的测算与分析

我对经济增长效率问题的关注和研究也是比较早的，

大约始于1987年。当时开展这项研究的目的是找准我国经济问题的症结，以便更好地提出有针对性的改革与发展建议。早期发表的文章主要有两篇：一篇是《经济增长及其因素分析》[1]，另一篇是《“七五”期间经济效益的综合分析——各要素对经济增长贡献率测算》，刊载于《经济研究》1991年第4期。

在《经济增长及其因素分析》一文中，我主要是运用美国经济学家丹尼森的经济增长因素分析法，对改革开放之前30年的经济增长情况及其因素进行了测算和分析。主要结论是：

（1）改革开放前的30年里，我国主要走了一条粗放发展道路，经济增长的速度不低，但所取得的实际效果却不如增长速度所展现的那样理想。

（2）经济增长主要依靠投入的增长，经济效益比较差，而且，这种增长模式以资源浪费为代价，对于像我国这样的资源相对贫乏的国家来讲，更加不适用。这种情况虽然近年来有所改善，但基本格局并未改变。

（3）造成我国经济增长实际效果不理想的一个根本原因，在于我国经济增长模式存在根本缺陷。一方面，通过城乡隔离、牺牲农业发展工业的道路，损害了经济增长内在的比例关系，妨碍了宏观资源配置效率的改善；另一方面，高度集中的计划经济体制限制了经济主体的活力，妨碍了资源使用效益的改善，并使整个经济增长走了一条高指标、高投入、低效益的道路。

（4）中国今后经济增长潜力如何，取决于改革能够在

① 张风波主编：《中国宏观经济结构与对策》，中国财政经济出版社，1988。

多大程度上构建起有效配置资源的经济体制，以保障经济效益状况得到持续改善。

撰写《“七五”期间经济效益的综合分析——各要素对经济增长贡献率测算》一文的背景是，“七五”（1986—1990年）计划提出，要坚持把提高经济效益特别是提高产品质量放在十分突出的位置上来，正确处理好效益和速度、质量和数量的关系，并在此基础上保持经济的持续稳定增长。“七五”期间，我国国民生产总值年均增长7.7%，略高于计划规定的年均增长7.5%的速度。因此，可以说，“七五”计划的增长率目标基本上实现了。然而，在运用我国统计体系中的常规效益指标观察“七五”期间的效益状况时，却常常会出现一些矛盾的现象，一些效益指标呈现改善态势，而另一些效益指标不仅没有改善，甚至恶化了，从而很难从整体上对效益状况做出一个比较客观的评价。因此，为了比较全面地分析和把握“七五”期间的效益状况，有必要采用国外经济分析中常用的经济增长因素分析法，对经济增长中各要素的贡献率，特别是对能够反映国民经济整体效益的全要素生产率（TFP）的动态变化及对经济增长的贡献进行正确的测算和评估。在这篇文章中，我用的是道格拉斯生产函数分析法，得到的基本结论是：

（1）改革时期和改革前时期相比，全要素生产率的增长速度显著加快。改革前的25年间，全要素生产率提高的贡献年均仅为0.01个百分点，而改革的12年间，全要素生产率提高的贡献年均达到2.56个百分点，说明改革为经济带来了活力，促进了生产效率的提高。

（2）改革前的“一五”时期发展较好，效率较高。1953—1957年，国民收入年均增长8.93%，其中劳动投入增加的贡献为0.83个百分点，资本要素投入增加的贡献为5.06个百分点，生产率增长的贡献为3.04个百分点。但好景不长，“大跃进”时期不讲效益的高投入，使得全要素生产率的贡献迅速下降为0.34个百分点，对经济增长的贡献率也由“一五”时期的34.04%下降至3.76%。不仅如此，“大跃进”时期对经济资源的掠夺式利用和经济结构的恶化，对以后的经济发展造成十分不利的影响，使得此后5年间全要素生产率对经济增长的贡献不仅没有提高，反而以年均5.29个百分点的幅度下降。而到“文革”时期，经济工作指导方针上的巨大失误及“左”的思想的影响，使得经济效率增长十分缓慢，由此所产生的对经济增长的贡献也十分有限。

（3）以1984年底、1985年初出现的信贷膨胀和经济超高速增长为标志，将改革以来至1990年的时期划分为前后两个阶段。前期全要素生产率提高对经济增长的贡献率为32.35%，后期为23.76%，前期效率提高的速度较快。可能的原因包括：①前期有之前20多年积累起来的增长的巨大潜力，这种潜力由于改革开放政策的实施得以在短期内大量释放，使得经济能够在投入较少的情况下获得较高的增长速度，因此使效率大幅度提高。②前期农村改革的成功，使得农业生产打破长期以来的徘徊局面，取得了较快的增长。③前期经济发展的指导方针比较稳健，各种经济关系比较协调，经济增长比较稳定。④后期（主要是“七五”时期）一方面由于改革上避难就易，缺乏配套性，损害了经济体制的

1992年回家探亲期间帮家里干活

整体功能，使得宏观效益状况下降；另一方面由于发展方针上追求高速度，经济增长大起大落，各种经济关系不协调，也造成经济效益的下降。这些经验很值得今后认真汲取。

（4）与“二战”以后发展较快的国家和地区相比，我国经济增长中来自全要素生产率提高的贡献明显偏低。

3. 转变发展方式研究

我对转变发展方式问题的研究，一方面是之前关于发展阶段和经济效率研究的接续，另一方面也是国家经济形势变化和政策咨询研究工作的需要。

（1）关于我国经济增长方式的基本判断。

2004年，为了配合国家“十一五”规划的研究制定工作，中心设立了“‘十一五’规划基本思路和2020年远景目标研究”课题，由我负责其中的“转变经济增长方式”子课题，同时参加这项研究的还有中心的刘培林、李佐军、赵怀勇等同志。虽然这项研究涉及转变经济增长方式的意义、存在问题及对策思路等多个方面，但我觉得研究最为深入和最具独到见解的部分，是在运用大量实际数据对能耗、物耗、污染物排放、ICOR（增量资本产出率）、TFP等认真分析和比较的基础上对我国转变经济增长方式所取得的成效和当时的现状所做出的基本判断。这个基本判断可以概括为以下三点。

①从变化情况来看，改革开放以来我国在转变经济增长方式方面取得了明显的成效。主要表现是：从资源、能源消耗和污染排放强度等指标来看，一方面，与我国历史指标进行纵向比较，有大幅度的下降；另一方面，与同时期世界各国资源、能源消耗和污染排放强度的下降幅度相比，我国的表现既不逊于发展中国家，也不逊于发达国家。

②但从水平情况来看，和发达国家相比，甚至和一些发展中国家相比，目前我国经济增长方式的集约化程度仍然存在比较大的差距。

③从我国现代化过程所面临的资源、环境、发展阶段及国际背景来看，今后在转变经济增长方式方面所面临的任务不仅十分艰巨，而且十分紧迫。

（2）关于制约发展方式转变的深层矛盾与影响路径。

我第二次对转变经济增长方式问题进行集中研究，是在2009年前后。当时为了有效应对国际金融危机的后续影响，也为了服务于国家“十二五”规划的制定，国务院发展研究中心将“新形势下我国经济发展方式转变的战略重点”列为

2009年度重大课题。时任中心副主任的刘世锦同志任课题执行负责人，我和侯永志、刘培林同志作为课题协调人参加课题研究。这次研究所取得的主要进展，是对制约我国经济发展方式转变的深层矛盾及影响路径有了比较全面和深入的分析和把握，并提出了比较有针对性的对策建议。

①关于制约发展方式转变的深层体制矛盾。

我国经济发展方式存在的矛盾和问题，既与我国的发展阶段有关，也与我国的国情特点有关，但最关键的，还是与我国经济体制存在的缺陷有关。突出表现在四个方面：

第一，资源和要素价格扭曲，未能充分反映其稀缺性和市场供求状况。我国大多数自然资源的人均拥有量低于甚至远低于世界平均水平，然而，其价格却低于国际一般水平，远没有反映出我国自然资源的稀缺性。比如，我国水资源不仅总量不足，而且时空分布相当不均衡，长期以来缺乏健全的水资源管理和价格形成体制，致使水资源低价甚至零价格的现象普遍存在。

资源和要素价格扭曲的原因，概括起来讲是改革不到位，价格形成机制不健全。具体主要有：资源产权制度不完善，有些资源甚至存在所有者缺位或虚位的问题；资源税费制度不合理，税种不完善，税费标准低，不仅难以反映资源稀缺状况，也难以补偿资源开采对环境的破坏；各级政府对稀缺资源都有较大的控制力，一些地方政府往往根据地方生产总值和税收的增长以及政绩工程的需要，以低于市场供求的价格出让资源；等等。

第二，社会性规章制度不完善、政策执行不到位。市场经济条件下，在存在较大负外部性的领域，需要充分发挥政府社会性规制政策的作用，使得企业生产经营对外部环境的消极影响，比如对空气质量、水质、土壤的影响，对居民的噪声干扰，等等，能够内化为企业的内部成本。只有这样，才能调动企业治理污染的积极性，也才能给污染受害者以适当补偿。而我国长期以来不仅规章制度和政策不完善，而且由于种种因素，特别是在现行的中央地方财税体制和干部考核管理体制下，对既有规制政策的执行往往也不到位，企业生产经营对环境和生态的影响没有充分内化为企业的成本，使得企业私人成本严重偏离其社会成本。对产品质量安全的规制不到位也有类似的结果，降低了企业的成本，增加了社会的成本。

第三，基本保障和公共服务制度不完善，体系不健全。现代市场经济条件下需要政府发挥作用的另一个重要领域，就是面向全体居民提供与经济发展水平、国情特点相适应的、均等化的基本保障和公共服务，包括基本养老、基本医疗、基础教育、基本居住条件、就业服务等。国际经验充分证明，适当的基本保障制度和保障水平，不仅是提高社会总体福利水平、维护社会公正与和谐的需要，也是扩大国内消费、提升人力资源素质、促进可持续发展的需要。我国在这方面主要存在两个问题：一是制度不完善，城乡之间、区域之间、不同群体之间不仅制度不同，而且标准差异较大，碎片化现象严重，制度之间衔接性较差；二是标准低，与我国经济发展水平的提高和国家财力增强的状况不相适应。

第四，国有企业现行制度安排存在缺陷。由于历史和体制的因素，国有企业往往占有大量的国有资源，既包括矿产资源、土地资源、水资源、频道资源等物质资源，也包括国家信誉、品牌等非物质资源。在比较完善的市场经济条件下，这些资源都是有价的，不论是国有企业还是非国有企业，都应当通过竞争有偿获得，而相应的收入应当进入国库，用于改善全体人民的福利。但在我国现实情况下，一方面，国有企业以远远低于市场价格的成本甚至是零成本获得这些资源，形成竞争优势，获得超额利润；另一方面，获得利润后又不向全民的代表者政府支付红利，而是留在企业进行投资，成为企业储蓄。从而既导致国有企业与非国有企业之间的不公平竞争，又导致国民收入初次分配的不合理状况。

②体制性因素影响经济发展方式的路径。

第一，体制性因素与资源环境压力增大。导致资源环境压力持续增大、经济社会发展与资源环境不相协调问题的体制性因素主要有两个：一是资源和要素价格扭曲，二是社会性规制不到位。资源价格偏低，从生产侧看，不仅容易刺激地方和企业大力发展资源依赖型产业，也容易导致对稀缺资源的粗放使用和较多的污染物排放。而从消费环节看，则会刺激居民对稀缺资源及其产品的不合理消费。社会性规制不到位与价格偏低具有类似的结果。通过制定物耗、排放等强制性标准，不仅能够直接减少资源消耗和污染排放，也会为市场机制作用的发挥创造前提。另外，资源要素价格低、环境生态影响规制不到位，会削弱社会对节能降耗减排技术的需求，因而也不利于节能降耗减排的技术创新。

第二，体制性因素与技术进步推力不足。导致技术进步推力不足的体制性因素，除资源和要素价格不合理、社会规制性政策不到位之外，还有一个具有综合性的因素。就是这两个因素，再加上基本保障和公共服务制度不完善，使得我国产品在一定程度上具有“不完全成本特点”（所谓“不完全成本”，是指这些因素的影响，使得企业产品的成本，没有能够涵盖产品生产过程中所实际发生的全部成本，包括企业私人成本和外部成本），导致我国企业和产品竞争力在一定程度上虚高，从而降低了我国企业技术进步的压力和动力，滞缓了我国经济在全球竞争中比较优势的转换和竞争优势的提升。

第三，体制性因素与社会发展滞后。一是资源税费偏低、利益分配不尽合理，不仅直接限制了部分中西部资源富集地区收入水平的提高，也限制了其运用这些资源发展经济的能力，是导致区域差距扩大的一个重要因素。二是社会性规制政策不到位，意味着资源富集和原料粗加工地区受污染的群众没有得到应有的补偿，从而减少了这些地区群众的收入。同时，这又相当于受污染地区向使用这些资源及其产品的地区提供了一种隐性补贴，从而增加了后者的实际收入，提高了其福利水平，进一步拉大了发展差距。三是基本公共服务均等化体系不健全，进一步拉大了城乡之间、区域之间及不同阶层居民之间的收入和福利差距。

第四，体制性因素与消费储蓄不协调。储蓄与消费关系失调直接受制于两个因素：一是居民消费倾向降低，二是收入分配体制有问题。企业收入份额增加得越多，居民收入份额就下降得越多，制约了居民的消费能力。居民消费倾向的下降，主要与社会保障和公共服务制度不健全、保障水平低、居民在消费方面存在后顾之忧等相关，这一点无须赘述。而收入分配不合理，企业收入分配比例上升、居民收入分配比例下降，则是上述四个体制性因素共同作用的结果。

③加快发展方式转变的政策重点。

在此基础上，我提出加快发展方式转变六个方面的政策建议。第一，不失时机地推进资源和要素价格改革，充分发挥价格机制在促进发展方式转变方面的基础性作用。第二，切实加强对资源、环境、质量、安全等方面的社会性规制，正确和有效发挥政府在促进发展方式转变方面的应有作用。第三，着力完善社会保障和基本公共服务体系，改变社会发展与经济发展不相协调的状况。第四，深化国有企业和垄断行业改革，完善国有企业和垄断行业剩余分配机制。第五，大力推动技术创新，促进经济结构优化升级。第六，制定并实施合理的消费政策，促进形成资源节约型、环境友好型的消费模式。

4. 中国追赶型增长的阶段转换

2013年，中心将“增长阶段转换的成因、挑战和对策”列为年度重大课题，课题由李伟主任总负责，我和余斌同志具体负责。选题背景是，改革开放以来，中国经历了30多年接近两位数的高增长，但从2012年开始，增长速度呈现明显下降趋势。对于这次增速下降的原因及今后的增长前景，当时已有两点共识：一是这次增速回落不仅是国际、国内短期因素冲击的结果，而且是中国经济基本面发生变化、传统增长动力减弱、潜在增长率有所下降的结果。因此，我国正面临经济增长阶段的转换，增长速度不可能再回到过去接近两位数的高增长。二是虽然我国的潜在增长率已不能支撑接近两位数的高增长，但潜在增长率也不会一下子滑落到前沿发达国家及地区2%～3%的低速水平，而是具有在一定时期内实现中高速增长的潜力。然而，对于宏观决策而言，则迫切需要对经济增长阶段转换的本质特征、风险和挑战做出进一步具体的说明。这项研究得出的重要结论包括以下几点。

（1）后发追赶型增长具有两个显著特征。

后发国家及地区的追赶型增长之所以能够实现高速度，最主要的原因就在于其所拥有的后发优势。后发优势大，高增长的潜力就大；后发优势减弱了，高增长的潜力就会变小；后发优势消失了，高增长的潜力也就不存在了。正是后发优势和增长潜力的这种变化关系，使得后发国家及地区的追赶型增长过程呈现出两个显著特征。

一是增速变化的生命周期特征。后发国家及地区的追赶型增长启动前，一般是传统经济状态下的低速增长，其增速有可能比前沿国家及地区的增速还低。而追赶型增长进程启动后，增速迅速提高，达到远高于前沿国家及地区的水平，并会持续一定时期。而当发展水平接近前沿国家及地区时，发展差距和后发优势消失，增速回落至前沿国家及地区水平。不难看出，由后发国家及地区增长的追赶性质所决定，增速的生命周期特征是内生的，是必然会发生的。只要实现成功追赶，增速就必然会收敛于前沿国家及地区的增长水平。当然，也可能追赶不成功，在发展水平远未达到前沿国家及地区水平前而增速慢下来。如果这种情况发生，那就是落入了包括“中等收入陷阱”在内的增长陷阱了。

二是增速变化的阶段性特征。追赶过程中发展水平的提高不会从低收入直接跨入高收入，后发优势也不可能一下子消失。发展水平的提升必然是一个由低到高渐进的过程。而随着发展水平的变化，与技术前沿国家及地区的技术差距、后发优势也会逐渐发生变化，从而导致增长动力和增长潜力的变化。对后发追赶型经济体增长过程经验数据的实证分析说明，凡是成功完成追赶任务的经济体，其增长过程都不是一下子从高速增长直接转入低速增长，而是会呈现从高速增长到中速增长，再到低速增长的阶段性变化。

另外，从追赶型增长的国际经验来看，不同经济体在高速增长阶段结束之后的中速增长阶段，其增速呈现明显的差异性，有的能够实现中高速增长，有的仅实现中低速增长。这是因为，由后发优势所决定的增长潜力只是实现高增长或中高增长的一个必要条件，而非充分条件。增长潜力能否释放，或者说能够在多大程度上释放，还取决于其他一些因素，比如当时的国际政治、经济环境和条件，国内经济体制、发展战略和政策的适应程度，等等。

（2）需要区分后发追赶型增长的两种阶段转换。

后发追赶型增长有两种阶段转换：一种是追赶型增长进程中的阶段转换，另一种是追赶型增长进程结束的增长转换。我国现阶段面临的增长阶段转换，属于前一种阶段转换，而不是后一种阶段转换。一方面，就我国当前所处的发展阶段及与前沿国家及地区的发展差距而言，无疑我国仍具有较大的后发优势。比如，从总体发展水平来讲，目前我国人均GDP只有美国的1/8左右；从技术水平来讲，目前我国创新水平与发达国家相比大约落后30年；从劳动力成本来讲，如果按照现价美元计算，2013年中国制造业平均工资仅相当于美国的14%，而如果按照购买力平价计算，也仅相当于美国的20%～30%；从需求方面来看，虽然与改革开放初期相比需求空间有所缩小，但与前沿发达国家及地区相比，需求空间仍然要大得多。

另一方面，与其他后发国家及地区相比，我国还具有一些独特的优势。首先，我国是一个大国，不仅国内市场规模潜力巨大，而且区域发展不平衡，有利于需求的渐次释放。其次，在我国农村剩余劳动力接近枯竭之时，我国每年有600万～700万名大学毕业生，呈现出高素质劳动力丰富的比较优势。再次，我国制造业优势明显，有利于实现科技成果的产业化转换。最后，我国市场经济体制有待完善，如果改革能够继续取得进展，就可能释放出较大的改革红利。

（3）深化改革以构筑有利于增长阶段转换的体制基础。

保障增长阶段平稳转换的关键，是要在保持经济形势基本稳定、风险总体可控的前提下，不失时机地推进各项改革，尽快构筑起有利于增长阶段转换和新增长模式形成的体制基础，核心是按照党的十八届三中全会通过的《中共中央关于全面深化改革若干重大问题的决定》，正确处理好政府和市场的关系，通过正确发挥政府的作用，为市场发挥决定性作用创造条件。

第一，通过改革激发市场活力和内生动力。现阶段，我国具有民间资本、高素质人才资源丰富的优势，民间投资创业的潜力巨大，积极性很高，关键是要通过改革为这一潜力的释放创造更加有利的条件。一是要深化垄断行业和国有经济部门的改革，打破一些领域实际存在的行政垄断和国有垄断，在更多领域放开竞争，为民间资本开辟更加广阔的投资空间。二是要进一步推进简政放权，减少不必要的行政审批，为投资创业提供更大的便利性。三是要认真清理针对企业的收费、检查等活动及事项，提高透明度和规范性，减少政府自由裁量权，为企业发展创造更加有利和宽松的环境。

第二，营造良好的创新环境。一是要进一步研究改进政府资金支持科技研发的途径和方式，切实提高资金使用效益。二是要进一步加大知识产权保护力度，形成切实尊重知识、尊重人才的社会氛围和法制环境。三是要从国家技术标准制定、产业扶持政策等方面，为各类企业、各种技术路线的产业化等创造公平的竞争环境。

第三，更加严格执行环境、质量、安全等方面的社会性规制。通过环境、质量、安全等技术标准实施社会性规制，保护公众利益，既是政府职责所在，也是实现优胜劣汰和促进产业升级的有效途径。针对目前存在的问题，既需要相关部门根据形势发展需要，及时修订和完善相关技术标准和处罚规定，也需要通过进一步完善对地方政府和干部的考核激励机制，切实加大执法力度，形成转型升级的倒逼机制。

第四，切实完善社会保障制度，防范和化解财政金融风

20世纪90年代中期，在大连参加由《经济研究》编辑部组织的一次学术研讨会，与李晓西、孙祁祥、袁钢明、宋光茂、贾康合影

险。产业转型升级过程必然涉及部分职工的下岗分流和安置问题，“社会政策兜底”是转型升级过程顺利推进的基本保障。一是要进一步完善社会保障体系，为产业结构调整过程中因企业退出而下岗、失业的人员提供生活保障。二是要进一步完善职工培训体系，为下岗职工的转岗就业提供帮助。三是要进一步解决国有企业改革不彻底的问题，特别是进一步加大处理国有企业“办社会”的包袱问题，为企业轻装上阵、参与市场竞争和兼并重组创造条件。同时，要针对资产泡沫、产能过剩等问题，通过制定预案和建立机制，切实防范局部问题演变为系统性风险。

三 国有经济改革与改组研究

1. 比较早地提出国有经济布局调整问题

我对国企改革的关注和研究始于20世纪90年代初期。1993年11月召开的党的十四届三中全会通过的《中共中央关于建立社会主义市场经济体制若干问题的决定》，勾勒了社会主义市场经济的基本框架，其中把建立现代企业制度确定为今后国有大中型企业的改革目标，从而使我国在国有企业改革认识上向前迈进了一大步。但文件公布后，从当时的改革实践和理论探讨情况来看，不仅在国有企业本身的体制改革方面，而且在国有企业与整体经济发展的关系方面，都还有不少认识上的问题没有解决，亟须通过进一步研究加以理清。正是在这种情况下，我开始了关于国有企业改革问题的研究，并于1994年6月完成了题为《关于国有企业改革的几点思考》的研究报告。这篇报告最初刊登在《国务院发展研究中心内部刊物调查研究报告》1994年第60号，并公开发表在当年的《经济研究》第10期。我在这篇报告中主要阐述了以下四个观点。

第一，公司制是现代企业制度的主要组织形式。党的十四届三中全会明确大中型国有企业改革的目标是建立现代企业制度，但究竟什么是现代企业制度的组织形式，文件并没有明确。当时主要有窄派和宽派两种意见。窄派认为，作为国有大中型企业的改革目标，现代企业制度主要是指法人企业制度或称公司制度，包括有限责任公司和股份有限公司，其中有限责任公司又分为普通意义的有限责任公司和国有独资有限责任公司。而宽派则认为，现代企业制度并不是特指某种或某几种企业组织形式，而是指企业制度的总体属性，指适合发展社会主义市场经济的一系列企业组织制度，其中不仅包括有限责任公司和股份有限公司，也包括个体企业、合伙制企业、股份合作制企业及其他企业组织形式。我提出应当采用窄派观点。原因有二：①所谓现代企业制度，是针对国有大中型企业的改革提出来的，而对于国有大中型企业来说，改革最主要和最恰当的目标，只能是有限责任公司和股份有限公司。②从历史的角度来看，公司制是企业组织形式演变的较高级阶段，是现代市场经济中最为重要的企业组织形式。

第二，通过股权的分散化和多元化实现国有企业经营机制的根本转变。对于大多数大中型国企而言，实现公司制改造之后，其股权结构要么百分之百国家独资，要么国有股占绝对控股地位。在这种情况下，如何实现企业经营机制的真正转变成为一个焦点问题。为此，有些同志提出，应当在国有资产管理或经营机构的设置和人员的选择上做文章，通过一定的规则程序或制度安排，形成国有资产经营机构之间、国有资产代理人之间一定的竞争关系，以及机构、人员与国有资产经营业绩之间一定的利益关系。应当说，这种办法对于解决国有资产代理人对国有资产负责的问题，具有一定的积极作用，实践上也是可行的。而从建立社会主义市场经济体制这一长远目标的要求来看，我当时提出，实现国有企业经营机制根本转变最彻底和最有效的办法，是实现国有企业股权的分散化和多元化。这包括：①国有资产实行各级政府分级所有，分级管理，分级受益，而不是现在的国家一级（国务院）所有，分级管理，让每一级政府都成为不同的利益主体。②股权分散。将国有企业资产清产核资后，对股权进行初步划分，即一部分交由养老金基金会掌握，以补偿养老金积累不足；还不了的贷款，在严格审查和从严掌握的前提下，属于拨改贷的改为国有股权，由国有投资机构掌握；属于金融机构商业性贷款的部分，在协商的基础上改为金融机构的股权；其余股权交由国有资产管理局掌握。③国有股部分通过法人股市场，在公共法人之间进行流通，实现国有资产的初步流动。④国有股在证券交易所上市，向非国有法人和个人公开出售。现在看来，这些看法是有一定预见性的，有些问题到现在也没有能够完全解决。

第三，按照公司法人治理的基本原则确定企业的法人地位及经营自主权。本来，在公司制情况下，不论根据哪一种法系，确定所有者（出资者）、董事、经理、职员各自权责利及相互制衡关系的原则和做法都是大体一致和比较明确的。然而，在我国当时环境下的各种讨论中，这个问题却变得十分复杂。当时一个比较流行的说法是，出资者按照投入企业的资本额享有所有者的权益，即资本受益、重大决策和选择管理者。企业以其全部法人财产，依法自主经营，自负盈亏，对出资者承担资产保值增值的责任。显然，在这里，“企业”的概念是不包括出资者的。但是，仔细思考就会发现，当把出资者排除在外之后，得不出企业能够自负盈亏的结论；如果硬要让它自负盈亏，只能是只负盈不负亏。同样，当把所有者排除在外谈企业的自主经营时，也需要做适当限定，因为在公司制度下，出资者虽然通常不参与日常经营，但却从来不放弃对企业重大决策的发言权，而且，这种对企业的控制作用会随着股权的集中而加大。

需要指出的是，我当时提出这样的问题，并不是咬文嚼字，而是因为这些提法对当时企业改革的讨论和实践已经产生了实际的影响。在有关法人财产权的各种讨论甚至有关公司制改造的权威人士的谈话中，不难发现主张企业法人财产权应当包括收益权的观点，或者，更明确地讲，主张企业（排除了出资者）应当拥有对净利润的分享权的观点。这种观点认为，如果只给企业经营权，而不给利润分享权，那么企业经营者就会缺乏经营的积极性。这实际上对公司制度并不真正了解。现代公司制度并不是依靠赋予经营者对净利润的分享权来调动经营者的积极性，而是通过股东大会、董事会、经理会及监事会等一整套法人治理结构的相互制衡关系来实现的。当然，这并不排除或者说并不妨碍出资者在一定时期或一定情况下，自愿拿出净利润的一定份额作为对经营者的奖励，但这与在法律上明确赋予企业（经营者）对净利润的索取权，是两种性质完全不同的事情。

当时主张法人财产权应包括收益权的另一种意见，是认为前一阶段股份制改造中形成的所谓企业股应得到的那部分股息收入应归企业享有。我的看法是，在企业改制过程中，应参照财税体制改革那样的原则，利益上可以适当让，但机制上一定要规范，不能马虎。根据这一原则，从现实的角度和长远的利益出发，解决企业股的办法只能是在严格审查，弄清真正属于"企业股"的那部分资产数量的基础上，把它一次或逐步以奖励的方式分配给职工。而一旦公司化，今后再也不能出现任何集体性的应该划为"企业股"的股权。

第四，在推进企业内部机制改革的同时，应同时调整国有企业的行业覆盖范围。这个问题对于制定企业改革的长期目标非常重要，但长期以来并没有得到应有的重视，我是比较早地提出这个问题的学者之一。在社会主义市场经济条件下，国有企业、国有资产到底应该扮演什么角色，发挥什么作用？国有企业的行业覆盖面应不应该界定，如何界定？只有把这些问题搞清楚，才能把对国有企业行业覆盖面的调整与对国有企业组织结构和经营机制的改革有效结合起来，才能制定出符合长远目标的企业改革战略，从而使企业改革取得实质性进展。

我提出，根据世界各国特别是各发达国家的发展经验，在市场经济条件下，从有利于提高经济整体发展效率的角度来看，国有资本、国有企业与民间资本、民营企业的最有效分工应该是，竞争性比较充分的行业应尽量交由民间资本承担，而国有资本应该主要投向那些民间资本不愿进入，或很难进入，或即使能够进入但效果也不太好的领域，包括社会公益性强而企业经营效益较差的行业，垄断性较强的行业，不宜由民间资本经营的行业（如造币、军工等），资本密集性程度高而进入难度较大的行业，以及诸如道路、桥梁等基础设施建设等。当然，如何根据我国实际情况和建立社会主义市场经济体制的要求，对我国国有企业的行业覆盖面做出符合实际的界定，没有现成的模式，需要做大量细致的工作。

而从我国经济结构和国有资产的分布现状来看，当时我国国有资产的60%以上分布在工业、建筑业等竞争性较强的行业，而分布在运输邮电和基础设施上的资本不到20%，而且，我国的基础设施建设长期滞后于整体经济发展的需要。因此，我提出，从发展市场经济长远目标来看，今后国有企业行业覆盖面调整的主要方向，应该是通过市场交易，使国有资本逐步从竞争性行业退出，并将收回的资金转投到本应由政府出资兴建而长期以来又发展不足的领域，包括基础设施、基础产业、战略性产业以及社会公益性较强而企业经营效益较弱的行业等。

这篇文章发表之后，我感到其中关于国有经济布局调整的观点十分重要，有必要专门研究、提出和上报。于是我又专门撰写了一篇题为《把企业改革与国有经济运营领域的调整结合起来》的研究报告，刊登在《国务院发展研究中心调查研究报告择要》1995年第46号。在这篇报告中，我提出，我国国有企业存在的问题和面临的改革任务至少包括两个方面：一是国有企业本身的经营管理体制不合理，经营效率相对较低。改革的任务是以产权制度改革为核心，进行企业经营体制的创新，以提高企业的经营运作效率。二是国有资产的行业分布不合理。改革的任务是按照发展社会主义市场经济的要求，对国有资产存量和增量在各行业的分布构成进行合理调整和重新配置。

我还提出，虽然上述两个方面对于企业改革都十分重要，但相比而言，对国有经济运营领域的调整更加具有宏观性和战略性。这是因为，一方面，明确的国有经济运营领域调整政策，是制订正确的企业内部改革方案的前提；另一方面，对国有经济运营领域进行合理调整，也是解决我国经济结构矛盾的一条重要途径。因此，我建议在改革的总体战略考虑上，从过去那种单纯注重企业内部经营机制的改革，转向从发展社会主义市场经济的要求出发，研究国有经济、国有资产以及国有企业在市场经济条件下如何定位和如何配置，并通过规范的产权交易活动，把企业内部经营机制的改革与国有经济运营领域的调整结合起来。

对国企改革和国有经济改组的集中研究，是在1997年上半年参加吴敬琏先生主持的中心重点课题“加强和深化国有企业改革”的时候。在这项研究之后，我除了作为课题组的协调人负责课题的组织协调工作外，还主要承担子课题一，即“国有经济战略性改组的方向”的研究任务。报告提出的主要观点和建议是，国有经济问题的症结在于战线过长、布局太散，有限的国有资本难以支撑过于庞大的国有经济盘子，出路在于对国有经济进行战略性改组：一是要收缩战线，加强重点，优化国有经济的布局和结构；二是要实现国有企业股权的多元化，推动国有企业转变经营机制和建立现代企业制度。同时，要配套进行国有资产管理体制、资本市场和社会保障制度等方面的改革。课题组于1997年5月上旬完成《实现国有经济的战略性改组》和《把社会主义理论创新提高到一个新水平》两份总结性报告，并提交中央领导，供党的十五大报告起草工作参考。课题成果后来以《国有经济的战略性改组》为题公开出版。

2. 依托资本市场推动国有经济战略性改组

党的十五大报告明确提出，要从战略上调整国有经济布局。对关系国民经济命脉的重要行业和关键领域，国有经济必须占支配地位。其他领域，可以通过资产重组和结构调整，加强重点，提高国有资产的整体素质。那么接下来的问题就是，如何进行国有经济和国有企业的调整和重组，特别是如何依托资本市场推动重组。为此，国务院发展研究中心把“发展和完善资本市场、推动国有企业改组”确定为1998年重点课题，由吴敬琏先生总负责，由刘世锦先生和我具体负责组织和协调。在这种情况下，1998年，我重点围绕推进国有经济战略性改组所需要的资本市场建设问题进行了比较系统的研究，并先后撰写了6篇研究报告。它们分别是《当前发展资本市场需要明确的几个认识问题》（《国务院发展研究中心调查研究报告》，1998年第60号），《从三个方面促进资本市场发展》（《国务院发展研究中心调查研究报告》，1998年第64号），《证券发行管理体制的问题及改革建议》（《国务院发展研究中心调查研究报告》，1998年

1997年任经济综合研究部副部长期间与时任经济综合研究部部长程秀生先生在办公室

第84号），《成功推进国有经济改组需要怎样的资本市场》（《国务院发展研究中心调查研究报告》，1998年第121号），《股票市场“泡沫”过大的问题及对策》（《国务院发展研究中心调查研究报告》，1998年第146号），《加快证券市场的规范与发展》（《国务院发展研究中心调查研究报告择要》，1999年第48号）。

我在这些报告中集中阐述的观点和建议是：

第一，国有企业的根本出路在于战略改组，而战略改组的有效途径是依托资本市场。

第二，目前我国的资本市场还存在不少缺陷，难以有效承担国有经济改组的重任。这些问题主要集中在两个方面：一是发育不良，包括市场发育不平衡、覆盖范围不全、购并融资渠道不畅、机构投资者发展不足等。二是市场秩序混乱，包括市场“泡沫”过大，股票缺乏长期投资价值；违规炒作问题突出，中小投资者利益受损；企业和投资者行为扭曲；等等。

第三，加快资本市场的培育和发展应当从促进市场发育和改善市场监管两个方面进行。促进市场发育需要做的工作，包括完善交易体系、为非国有企业和中小企业提供融资场所、解决上市公司国有股流通问题、为企业并购和重组活动提供资金支持以及重点发展养老基金等追求长期稳定回报的机构投资者。改善市场监管应当从转变市场监管的基本观念、改变股票发行与上市的行政审批模式及逐步抑制市场“泡沫”等方面着手。

3. 国有资产管理体制改革研究

1999年9月，中央召开十五届四中全会，通过《中共中央关于国有企业改革和发展若干重大问题的决定》（简称《决定》），再次提出推进国有企业改革和发展是一项重要而紧迫的任务。按照《决定》精神，国有企业改革要取得突破性进展，关键要从两个方面进行努力：一是国有资本有进有退，实现国有经济布局的战略性调整；二是建立现代企业制度，完善法人治理结构。而从当时的改革实践来看，这两方面工作的顺利推进，都迫切要求进一步完善国有资产管理体制，尽快构建一个统一的和相对有效的国有资产所有者代表机构。因此，从1999年开始，国有资产管理体制改革逐步成为我所关注和研究的一个重点。在当年完成并上报的一份题为《抓好国有经济布局的战略性调整》的报告中，我就提出应尽快“明确国有经济布局战略调整的领导机构和操作方式”，并建议“设立国有经济布局调整的领导机构，专门负责国有经济布局战略调整工作”。我提出的理由是：“国有经济布局战略调整是一项复杂的系统工程，通过国有产权的流动和重组，不仅要实现国有资本在行业之间、企业之间布局结构的优化，而且必然涉及企业不良债务的处理、新社会保障体系的建立、下岗职工安置等旧体制遗留问题的统筹解决。实践证明，在不良债务、职工安置等问题不能妥善解决的情况下，国有经济有进有退的调整必然受到很大的制约。但这些问题仅在企业等微观层面是无法解决的。它们的解决，有赖于宏观层面的重大决策和统筹考虑。因此，要顺利完成国有经济布局战略调整的任务，既不能由多个部门分散决策，也不能由各个企业分散运作，而必须在中央统一领导机构统筹规划和周密部署的基础上分部门分步骤地实施。另外，国有资本的进退同时也是一个具有很强商业性的运作过程，退出方式、时机的选择会在很大程度上影响国有资产变现的价值。因此，为了使国有资产获得尽可能大的市场价值，也需要有一个负责的机构来监控国有经济布局调整的过程。显然，在缺乏统一的规则和明确的领导机构的情况下，国有经济布局战略调整要么难以开展，要么即使开展，也难免出现类似十五大以后由于缺乏领导在出售国有小企业时发生的内部人操纵'半卖半送'等混乱现象。"

2000年，在进一步研究思考的基础上，我与市场经济研究所同事赵怀勇先生合作完成了《深化国有企业改革迫切需要建立统一的国有资产所有者代表机构》（《国务院发展研究中心调查研究报告》，2000年第154号）。在这篇报告中，除了从推进国有经济布局调整和建立有效的法人治理结构两个方面，进一步阐述了建立统一的国有资产所有者代表机构的重要性和紧迫性之外，重点就机构如何设立及其运作机制提出了我的设想和建议。

一是关于机构设立。建议在中央政府层面设立统一的国有资产所有者代表机构，作为国务院的一个职能机构；地方政府的国有资产管理机构，可以参照中央机构设立，也可以自主决定。为保障决策的科学性，该机构的最高决策机关应实行委员会制，并吸收各有关政府部门的负责人参加。决策委员会对国有经济布局调整中的重大问题和国有企业经营管理中的重大问题做出原则规定，其具体贯彻执行则由常设

2001年在美国访问研究期间与美国学者交流

机构具体负责。为增加该机构的权威性，同时也为避免该机构权力过大而使政府各部门权力失衡，其负责人可由国家领导人兼任。另外，从长远来看，为使国有资产管理工作逐步走上法制化的轨道，国家应就国有资产所有者代表机构的运作专门立法，以立法方式明确其地位、功能、组织及运作。在最高层次上，国有资产所有者代表机构既不完全是政府机构，也不可能完全实行企业化运作，只能是一个特殊的法人团体，因而只能通过特殊立法进行管理和规范。

二是关于机构职能。作为国家层面的国有资产所有者代表机构，该机构主要承担两项职能：①作为国有经济布局战略调整的领导机构，负责布局调整的总体规划和监督；②作为国有资产最终所有者代表机构，行使国有资产出资人权力。我在报告中还比较具体地提出了关于这两项职能实施方式的设想和建议。

经过此后几年的努力，国有经济布局和结构的调整工作有所加快，取得了一定成效，也积累了一定经验。但整体来看，国有经济布局和结构不合理的问题并没有从根本上得到解决。国有资本不仅大量分散于一般竞争性领域，也大量分散于众多的中小企业中。这种情况不仅严重制约了国有经济自身效益的提高，也使得国有经济难以真正发挥对整个国民经济的支撑、引导和带动作用。正因为如此，党的十六大报告明确提出，继续调整国有经济的布局和结构，是深化经济体制改革的重大任务。在这种情况下，我又于2003年与赵怀勇先生一起完成了题为《加快国有经济布局和结构调整步伐》的研究报告。报告在系统梳理了党的十五大以来国有经济布局调整所取得的进展、主要经验、突出问题的基础上，提出进一步加快国有经济布局调整的政策建议：①要进一步统一认识，克服布局调整的思想障碍；②制定必要的指导性政策，规范地方中小企业改革；③继续改革国有资产管理体制，建立有效的出资人代表机构；④做好相关配套工作，包括继续下大力气促进资本市场的规范和完善、完善社会保障体制和进一步健全法治环境、将国有经济布局调整纳入法制化轨道等。

同时，针对当时在推进国有资产管理体制改革中面临的突出问题，我又撰写了题为《建立新型国有资产管理体制所面临的问题和解决方法》（《国务院发展研究中心调查研究报告择要》，2003年第8号）的政策建议报告。报告针对建立新型国有资产管理体制面临的六大问题，进行了认真分析并提出了解决思路。

（1）国有资产管理机构按单一模式设立还是根据资产的不同类别分类设立的问题。党的十六大报告指出，关系国民经济命脉和国家安全的大型国有企业、基础设施和重要自然资源等，由中央政府代表国家履行出资人职责，其他国有资产由地方政府代表国家履行出资人职责。根据上述资产划分原则，将来由地方政府履行出资人职能的国有企业，绝大多数将是处于一般竞争领域的、不具有特殊功能的企业。因此，地方政府的资产性质和经营目标比较单一，可以只设立单一的国有资产管理机构。而中央政府的情况则有所不同。中央政府将来掌管的国有资产至少包括以下三大类：第一类是属于一般竞争领域但关系国民经济命脉的大型企业，比如大型汽车企业、大型石化企业、大型通信企业等；第二类是具有特殊功能和特殊产业性质的企业，比如涉及国家安全的造币、军工等，具有自然垄断性质的铁路、电网等；第三类是全国性金融机构，主要是全国性银行。如果将这三类企业放在一个单一的国有资产管理机构下管理，很可能会发生严重的目标冲突。可考虑的解决办法有两种：一是在统一的国有资产管理机构内部设立不同的管理局或办公室，分别行使不同类型资产的所有者权能；二是根据不同的企业和资产类型，设立不同的国有资产管理机构。

（2）国有资产管理机构以什么方式履行其对下一级企业的出资人权能。按照我国大型国有企业目前的股权结构，新设立的国有资产管理机构对其下一级企业（包括中间层次的控股公司或直接行使出资人权能的大型企业集团）要么拥有100%股权，要么绝对控股或相对控股。如果新设立的管理机构凭借其控制地位对下属企业甚至再下一级企业的具体经营事务进行干预，那么就很容易出现把企业"管死"的问题。而如果新的机构对其应该履行的出资人职责履行不够、不全面或不充分，那么又很难解决内部人控制问题。原则上说，新机构对下属企业的管理，应该按照《中华人民共和国公司法》赋予出资人的权利进行管理，上一层管理机构的任何意志，包括党的十六大所说的管资产管事的权力，都只能通过下属企业股东大会和董事会来体现，而不应通过其他途径体现。问题在于：一方面，绝对控股地位和对人员的绝对控制，使得国有资产管理机构对下级企业任何事项的干预事实上都成为可能；另一方面，旧体制的惯性很大，如果不通过法律法规明确界定，长期以来政府部门所熟悉的管理模式就很可能通过新的机构延续下来，出现新瓶装旧酒的情况。从此后的实际情况来看，我当时的这个分析和担心不是多余的。

（3）国有资产管理机构以什么方式行使对下级企业管人的权力问题。管人的权力是国有资产管理机构的核心权力，是其行使其出资人权力的最主要途径。因此，这项权力行使得好坏，直接关乎国有资产所有者权能的有效性。如果新机构成立以后仍然沿袭由组织部门或人事部门考察，然后按照行政方式任命、考核和撤换的办法，那么对现行管理体制的改善效果可能会十分有限。但人事问题是一个敏感问题，既涉及利益关系的调整，又涉及党管干部的原则，需要认真对待。党管干部的原则需要坚持，而按照《中华人民共和国公司法》要求，按照市场化原则行使管人权力的原则也要顾及。可以考虑的解决办法，首先是将组织、人事部门现有的对企业高管人员的人事管理职能合并到新设立的国有资产管理机构；其次是在国有资产管理机构内部设立董事及高管人员提名任命委员会，按照市场化方式和市场薪酬标准面向国内外公开选聘董事、监事和总经理人选，经组织或人事部门审核合格后，向下属企业选派。要把企业办成国际一流的企业，必须要有国际一流的人才，而要得到一流人才，必须付出一流人才的价格。要对选派的董事及高管人员制定明确的考核标准，通过国有资产管理机构的审计考核委员会实施不间断的监督和考核。发现问题应及时处理，年终按照考核标准进行判定，对不合格者进行撤换。

（4）如何形成对国有资产管理机构本身人员的激励和约束机制。把分散的权能集中到一个统一的部门并不是一件难事，难的是如何保证统一以后的权力能够得到正确的运用，而不是被滥用。权力的正确运用包括两个方面：首先，国有资产管理机构的工作人员要有足够的积极性按照国家整体利益最大化的要求行使其权力；其次，国有资产管理机构的人员要有足够的能力做出正确的决策。关键是如何建立起一套行之有效的对国有资产管理机构人员的任免（招聘、辞退）、考核、评价、激励和约束机制。高素质的领导集体和人才队伍是保障国有资产管理机构有效运作的基本条件。而在市场经济条件下，为了得到高水平的人才，需要按照市场方式和市场价格进行招聘、考核，并按其绩效进行激励。问题在于，作为政府与企业界面的第一层次的国有资产管理机构显然不可能是一个完全的商业机构，其内部结构和运作方式不可避免要受到政府行政架构和行政运行方式的影响。在这种情况下，这一机构的主要领导人和主要工作人员如何产生、考评和激励，需要认真研究。特别需要指出的是，如果国有资产管理机构对其下属企业的人事管理采取市场化的方式，而对其自身的人事管理完全按照行政办法，那么在管人者和被管者的考核评价体系和收入水平上就会出现很大反差，长期下去，不仅不利于调动国有资产管理机构人员的积极性，不利于留住人才，也不利于保证决策过程的公开公正。

（5）国有资产如何在中央政府和地方政府之间合理和公平划分。按照党的十六大确定的原则，将来由地方政府行使出资人权能的国有企业，主要是处于竞争性领域的中小型国有企业。这部分国有资产的一个重要用途，就是弥补对老职工的社会保障欠账，充实社会保障资金。而从当前国有资产在各地区之间的分布格局来看，是很不平衡的，有的地区国有企业和国有资产较多、质量较好，但社会保障欠账却较小，有的地区国有企业和国有资产较少、质量较差，而社会保障欠账却比较严重。如果简单按照现在谁管理着就由谁享有所有者权益，特别是享有国有资产的变现收益，显然有失公允。从现实的角度看，平衡地区间利益关系不外乎两种途径：一种是通过对存量的调整求得大体平衡，另一种是通过增量调整进行平衡。但究竟如何调整、如何保障地区之间在国有资产分布上的大体公平，是一个需要认真研究的问题。

（6）如何防止或避免因设立专门的国有资产管理机构而妨碍或延缓国有经济布局的战略性调整。建立新型国有资产管理体制以后，继续实施“抓大放小”的方针，进行有进有退的调整，仍然是深化国有企业改革面临的重要任务。但是，符合整体利益的方针，不一定也符合国有资产管理机构的本部门利益。因为，从本部门利益出发，显然是管的企业越多，管的资产越大，其权力也就越大，如果把国有资本从其所管辖的企业撤出，特别是如果将撤出的资金用于充实社会保障资金，或用于其他方面需要政府投资的领域，那么就会缩小国有资产管理机构本部门的权力范围。在这种情况下，如果没有很好的制度安排，他们就很可能利用其权力阻碍调整的过程。解决这一问题的办法之一，是从法律上明确规定国有资产管理机构不仅负有对国有资产的股权管理职能，也负有组织出售国有股权、优化国有资本配置结构、为社会保障及其他政府需要提供资金的职责，并建立对国有资产管理机构出售国有股权的绩效考核评价体系。同时，在国有资产管理机构内部设立具有广泛代表性的决策咨询委员会。

现在回过头来看，这六个问题都是国有资产管理体制改革难以绕过的问题，并且，这些问题基本上都继续存在，需要继续努力研究解决。

4. 现阶段深化国资国企改革面临的突出问题

我最近一次对国企和国资问题的研究，是在2013年党的十八届三中全会召开之后。为贯彻落实党的十八届三中全会提出的“以管资本为主加强国有资产监管”的任务，国务院发展研究中心成立了相关的研究课题组，由我具体负责牵头组织研究工作。现在看来，这个任务还没有完成。我认为，现阶段深化国资国企改革，仍然面临四个需要突破的关键问题。

一是通过完善顶层的国有资本管理体制，强化国家所有权政策的制定与实施，促进国有资本更好地服务于国家战略目标。现行的国有资产监督管理体制是在2003年形成的。客观地讲，这个体制的建立对于解决过去长期存在的国有资产多头管理而又无人负责的问题起到了积极作用。但它存在两个突出问题：首先是没有形成与国有资本功能定位相适应的国有资本布局优化调整的体制机制。国有资本是全民财富，理应服务于全民利益和国家战略目标。但过去的体制却缺乏这方面的机制设计，从而在一定程度上导致国有资本管理上简单强调做大做强，自我循环，而服务于国家战略目标则相对不足。其次是对企业实行行政化的管理模式，且管人管事管资产相结合，导致企业活力不足，难以适应国内外市场形势快速变化对企业快速决策的需求。要想解决以上两个问题，有一个可供考虑的思路，就是加强国资政策制定的客观独立性。我的建议是设立一个由国务院领导挂帅的、由国务院相关职能部门负责人以及相关领域的专家学者参加的委员会，这个委员会负责制定国家出资政策，包括国有资本布局调整和国有资本收益分配等，而国资委则负责政策的具体执行。这样做的好处是：第一，有利于从国民经济全局、更加宏观的角度考虑国有资产的功能定位、布局调整、投资方向和收益分配；第二，有利于增强国有资本政策的权威性，从而有利于政策切实得到贯彻落实；第三，有利于破除部门自我改革的困境，帮助国资部门剥离不合理的管理职能，推动国资管理部门改革监管方式。

二是通过构建有效的国有资本投资运营平台，实现从管资产向管资本的转变。国有资本能否有效服务于国家战略目标，既取决于其投向的领域是否正确，也取决于其投入的方式是否恰当。关于今后国有资本需要重点投向的领域，党的十八届三中全会的《中共中央关于全面深化改革若干重大问题的决定》已经说得很明确，那就是提供公共服务、发展重要前瞻性战略性产业、保护生态环境、支持科技进步、保障国家安全五大领域。那么接下来的问题就是，国有资本应当以何种方式来重点投向这五大领域呢？过去，国有资本发挥作用的方式，主要是投资兴办企业，并直接经营管理。这种方式在发展的初期可能是必要的，但随着我国市场经济的不断发展，其弊端和局限性越来越显现出来。今后，除极少数涉及国防安全等特殊领域需要国有资本以直接投资设厂、直接经营管理的方式发挥作用以外，绝大多数领域，包括完全竞争领域和带有部分公益性、政策性功能的领域，都用不着国家直接投资设厂，而是通过资本投入运作，就可以更好地实现国有资本的功能作用。比如，如果需要国有资本加大对生态环境保护的支持，既可以以政府资助研发的方式进行鼓励性、引导性投入，也可以以购买私人企业服务的方式进行支持。如果是社会保障资金，需要保值增值，那么更不用政府投资设厂，而是看哪个领域效益高、发展前景好，就可以直接对这些领域的企业进行投资参股。然而，现实当中，国有资本并非以现金形式存在，并非想投哪儿就能马上投到哪儿，而是以各种类型的企业的资产或股权的形式存在，其中，少部分是所谓的关系国民经济命脉的重要行业和关键领域的企业，而大部分是完全处于竞争领域的企业。在这种情况下，要实现从管资产向管资本的转变，促进国有资本布局的动态优化和调整，就需要搭建国有资本投资和运营的平台，即国有资本投资公司和国有资本运营公司（简称“两类公司”）。关于如何设立国有资本投资运营公司，以及设立之后如何运营，目前都存在较大分歧。比较好的做法，还是通过试点找出适合当前管理体制和市场环境的合理模式。试点当中应重点关注三个问题：首先是投资运营公司对实业企业的持股方式。分散持股有利于防范对实业企业的行政干预，但增加了实业企业出现内部人控制的风险；集中持股有利于落实实业企业的出资人责任和发挥投资运营公司的专业化优势，但增加了不当干预的风险。其次是投资运营公司的治理机制。投资运营公司应该成为市场化的资本运营主体，既要防止政府干预过多导致企业失去活力，又要防止出资人职责不落实出现内部人控制的风险。最后是资产重组与企业改革。应当结合投资运营公司的设立，在取消壳公司、处理存续资产、管理关联交易等方面探索和积累经验。

三是通过优化股权结构，进一步完善现代企业制度。从多年来国有企业改革与发展的实践来看，国有企业难以建立真正有效的现代企业制度的根源，就是一股独大的股权结构。大量的经验证明，即使不能实现国有资本与其他社会资本的混合所有制的多元化持股，只要能够实现多元国有股东持股，也能在很大程度上对改善公司治理发挥积极作用。因此，下一步改革应当把推动股权的多元化作为完善现代企业制度的一项重要举措。在积极调整和优化国有企业股权结构的基础上，要根据国有资本不同的功能定位，逐步调整企业的国有股权比例。对需要国有资本发挥政策性功能的领域，如关系国家安全、国民经济命脉、重大民生、战略性产业的重要行业和关键领域，国有资本可以保持独资、绝对控股、相对控股或其他控制形式；其他领域，主要是竞争性领域的国有企业，要积极引入社会投资机构，根据市场竞争和发展情况，实行国有股权不同的持股比例，并按照市场规则有序进退、合理流动，提升国有资本的配置效率。

四是通过深化国资国企的用人管理制度改革，构建与市场经济相兼容的激励制度。对高层管理者的任命、考核、激励制度是全部管理制度的核心。按照改革后的国资管理体制，两类公司之下，基本上是按照《中华人民共和国公司法》运行，实行完全的市场化的用人管理制度。对于国有资本投资运营公司以及个别的特殊类公司，可能比较合理的方式是实行双轨制的选人用人和管理机制。所谓双轨制，就是对国有资本投资运营公司的董事、监事，以及少数政府直接管理的特殊国有企业的领导人，由履行出资人职能的机构选聘与任命；而对两类公司的经理层，以及其他层级的管理者，实行市场化选聘与管理机制，即董事会选聘总经理，总经理提名其他高管并由董事会批准。与双轨制的选人用人制度相适应，应当按照“选用方式与身份、待遇相适应”的原则，实行双轨制的薪酬与激励约束机制。通过政府任命方式产生的两类公司和少数政府直管企业的董事、董事长，应当按照公务员管理，保有公务员身份，确定一定的行政级别，参照相应职级的公务员制定薪酬和福利标准，并根据岗位技能要求和工作难度给予一定的岗位补贴，同时，要严格规定职务待遇、职务消费和业务消费，保障消费公开透明。

而通过市场方式选聘的职业董事和职业经理人身份的国资控股参股企业负责人，则实行市场化管理，由董事会参照市场水平确定薪酬方案和待遇体系。

四 区域经济与城市化研究

我对区域经济与城市化问题的关注与研究，主要是在2004年担任国务院发展研究中心发展战略和区域经济研究部部长之后，这里介绍的观点和建议等，也主要反映了这个时期的经济背景和个人认识。

1. 区域协调发展的内涵与本质

（1）关于区域政策及区域协调发展内涵的界定。虽然区域政策、区域协调发展等概念常常挂在嘴边，但仔细深究，却又常常感觉说不清楚。我在研究工作中，对这两个概念做了如下的梳理、思考与界定。

从各种文献来看，对于区域政策至少存在以下三种不同的认识：第一种是，凡是政府采取的对不同地区的发展具有不同影响，因而对区域发展格局的形成发挥重大作用的政策，都可归属为区域政策。这是最广义的认识，按照这种认识，不仅具有明确区域空间限定的政策属于区域政策，而且一些全国普适性政策，比如农业税、资源税等税收政策，由于对不同区域的发展具有十分不同的影响，因而也可能会被包含进来。第二种是，凡是政府针对全国部分地区实施的政策，都属于区域政策。相比于第一种，这个界定的范围有所缩小，基本剔除了那些属于全国普适性但对不同区域有不同影响的政策，更多关注政策对象的空间范围，而不是政策实施的背景、目的或效果。第三种是，特指政府针对一些特殊区域的问题、矛盾或困难所采取的政策。相比而言，这个定义范围更窄，它把那些具有明确区域范围限定但又不是为解决区域特殊问题所施行的政策排除了出去，比如改革开放过程中实行的各类特区、开发区政策等。从中国的实际情况来看，我认为第二种界定更适合分析区域格局变化和政策研究的需要。按照这种认识，我认为中国改革开放以来的区域政策大体可分为三类：一类是作为国家总体发展战略重要组成部分的区域政策，比如东部率先发展、西部大开发、东北振兴及中部崛起等。另一类是作为改革开放先行区和试验田的区域政策，比如改革开放初期对广东、福建两省实行的“特殊政策，灵活措施”，以及对经济特区、经济技术开发区、高新技术开发区等实行的各类政策等。再就是针对各类问题区域、特殊功能区域实行的政策，比如针对自然保护区、水源保护地、资源枯竭型地区、贫困区域的政策等。

分析区域发展主要有两个角度：一是区域之间的关系，二是特定区域的发展状况。区域之间的关系包括区域之间发展差距的情况、区域产业分工合作的情况、国家区域发展重心和格局等。对特定区域发展情况的分析也可以从不同的角度、根据不同的目的进行分类考察，比如重点区域发展状况、特殊功能区发展状况等。考察区域发展状况，核心问题是分析区域发展的协调状况，即区域协调发展问题。

那么，什么样的发展格局才算得上协调发展呢？可能不同的学者会给出不同的答案。在中国现阶段及今后一段时期，初步考虑，我提出区域发展格局可能需要同时满足以下三点要求，才称得上协调发展。一是提高效率的要求，即区域发展格局有利于优化资源的空间配置，提高资源配置效率，有利于发挥各地区的资源优势，形成各具特色、功能互补的区域分工格局。二是平衡发展的要求，即区域发展格局有利于促进欠发达地区的发展，有利于逐步缩小地区发展差距和福利差距。三是环境友好的要求，即区域发展格局有利于实现对资源、环境和生态的保护，实现人与自然的和谐，促进可持续发展。这三个要求或目标之间并非总是相互一致的，反而是常常相互矛盾的，因此需要进行权衡取舍。比如，促进重点区域加快发展的政策有利于促进效率的提高和全国整体实力的提升，但却往往会导致区域差距的扩大，不利于平衡发展目标的实现。再比如，同样数量的资金，投入落后地区、贫困地区有利于促进这些地区发展，缩小区域差距，而投入发达地区则往往可以获得较大的经济效益。不论针对哪类地区的发展，都需要在促进发展的同时，注意资源的节约、环境的保护和可持续发展。因此，究竟什么样的区域政策是符合区域协调发展的政策，并不能一概而论，而要视国情特点、经济发展的阶段以及经济社会发展面临的主要矛盾和主要任务而定。

（2）关于经济活动空间集聚与区域协调发展的关系。长期以来，对区域协调发展战略的一个认识误区是将“区域协调发展”等同于“区域平衡发展”甚至是“区域同等增长”，试图采取缩小地区经济发展差距的办法来缩小不同地区居民的生活和福利水平差距。但纵观各国特别是发达国家工业化进程的历史，空间格局演变最突出的特征之一，就是人口、要素和经济活动向部分地区集中；从各地发展总量水平来看，地区差距呈不断扩大之势。这种趋势不仅在大国存在，在小国同样存在。它不仅是市场竞争和提高效率的要求，也是保护资源环境、促进经济社会发展与自然相协调的要求。因此，试图通过平衡各地发展来缩小生活福利水平差距，不仅很难取得理想的效果，也与市场规律和环保要求相悖。

从国际经验来看，由经济活动空间集聚所造成的各地经济不平衡增长与各地区之间协调发展二者并不总是矛盾的，而且可以很好地协调一致。一方面，要素和经济活动在空间上的集中是经济发展的客观趋势和要求，不仅有利于提高效率和增强国家均衡各地福利水平的能力，也有利于节约资源（特别是土地资源）和保护环境；另一方面，通过人口的有效流动和政府合理的财政转移支付，可以保障在人口和经济活动不断集中的同时，各地居民享受到大体相当的生活水平和福利水平。试图通过人为干预和阻碍经济活动集聚来缩小区域差距，不仅会导致效率损失，区域之间的公平性最终也难以得到保障。由于长期以来我们对这二者的关系认识不到位，既没有采取重点措施推动各种要素特别是人口的合理集中，也难以采取有效政策平衡区域之间的福利水平。

（3）关于区域竞争的利与弊。我国的区域竞争模式有三个特点：第一，强调各地充分利用本地资源，发挥比较优势，加快区域经济发展。第二，不仅当地居民的收入水平、生活水平及福利水平与当地经济发展状况密切相关，而且，各地政府的可支配财力以及政府办公条件、干部待遇水平等，都与地方经济发展水平及经济结构密切相关。第三，在前述两个因素的作用下，不仅各地群众对加快经济发展的积极性很高，各地政府官员招商引资、发展经济的积极性更高，尤其热衷于发展那些能够较快增加当地财政收入的产业和企业。这种状况由于现行的干部管理和考核制度而进一步加深。

改革开放以来中国形成这样的区域竞争模式有其一定的客观必然性。第一，中国是一个地域大国和人口大国，人口超过5000万人的省区就有10个。这一基本国情决定了中国的发展离不开各地区积极性的发挥，必须赋予地方充分的自主权。第二，即使在高度集中的计划经济时期，与苏联相比，中国各地区也拥有较大的自主权。第三，改革开放以后，中央在经济上实施了进一步向地方放权和向地方转移经济社会发展责任的方针，各地方在拥有更大自主权的同时，也肩负着更大的责任。从经济社会发展的现实来看，地区竞争极大地调动了各地发展的积极性，成为改革开放30多年来推动全国经济快速增长的重要力量。

但是，随着我国经济发展阶段的变化，现行的区域竞争模式的负面影响也越来越明显。第一，地区间财力差距难以真正缩小，基本公共服务均等化难以真正实现。第二，导致地方政府，特别是发达地区政府只愿意让外地人到本地打工，为本地贡献GDP和财政收入，而不愿将他们接收为本地居民，更不愿为其提供与本地居民同样的公共服务。甚至在企业投资、商品流动等方面，也时常出现各种形式的有碍统一市场的地方保护主义行为。第三，在很强的经济利益驱动下，节约资源、保护生态环境的任务往往难以切实落实。

我国发展水平还比较低，发展任务还十分繁重，现阶段我们还不能轻言放弃，现行的区域竞争模式也是被实践证明的对于促进增长比较有效的区域竞争发展模式。但对于这种模式所带来的问题及其消极影响也不能忽视。正确的选择只能是，根据实际情况，采取针对性措施，扬区域竞争之长，抑区域竞争之弊。关键是要从理顺中央地方财权事权关系、完善中央对于地方政府的激励约束机制等方面采取切实措施，逐步消除导致现行区域竞争模式缺陷的体制根源。

（4）关于正确发挥政府在促进区域协调发展中的作用。促进区域协调发展离不开政府的作用，但政府应当在哪些领域发挥作用，应当如何正确地发挥作用，却十分讲究。关键的一条是，政府在实施政策、履行职责时，必须遵循与市场兼容的原则，其作用必须与市场作用的方向相统一，不能扭曲和分割市场、制造不公平竞争。在我国现阶段的国情条件下，需要政府发挥好作用的领域主要包括以下三个方面。第一，政府需要在扶持问题区域发展方面发挥更大的作用。问题区域包括老工业基地、资源枯竭型地区、生态退化地区以及老少边穷地区等。支持这些地区发展，是市场经济国家的普遍做法。第二，政府在推动区际公共服务均等化方面有着不可或缺的作用。在任何一个大国，区域发展不平衡都是难以避免的。为了保障每个人的基本生存权和发展权，维护社会和谐稳定，政府尤其是中央政府必须尽力推动公共服务的均等化，使各地区居民能够公平地享受到发展的成果。第三，政府在保护生态环境、促进要素集聚与生态环境承载力相适应方面有着不可推卸的责任。在任何一个大国，各地的资源环境承载力总是存在或大或小的差别，要实现人与自然的和谐，必须有效发挥政府在引导生产力空间布局方面的作用，使各地区的经济和人类活动与其资源环境承载力相适应。

（5）关于处理好政策统一性与制定特殊区域政策的关系。在改革开放之始及其以后的较长时期内，中国促进区域经济发展的一个基本思路是，给特定地区以特殊的优惠政策，使之成为聚集各类生产要素的高地，以加快特定地区的发展。这一思路在当时的历史时期具有一定的合理性，也取得了积极成效。然而，随着我国发展水平的提升，其负面效应也不容忽视，最主要的是，它破坏了公平的发展环境，形成了较大的政策寻租空间，诱发了各地争取优惠政策的“竞赛”和各种各样的寻租行为，既损害了中央政策的权威性和有效性，又导致国家整体利益的损失。尤其是，近些年以中央政府名义密集地出台了一系列省级或省级以下地区的发展规划，区域政策碎片化的倾向进一步加剧。今后应从两个方面加以改进：一是区域政策应重点针对特殊类型区域或问题区域（如生态保护区、资源枯竭型地区）来制定，而不是针对不同的行政区域或地域（如沿海地区、内陆地区等）来制定；二是如果要针对行政区域制定政策，应以确定发展定位、发展方向、发展任务、发展战略为其主要内容，尽量避免给予过多特殊优惠政策。

2. 促进城市化健康发展

（1）关于城市化的本质内涵与根本要求。一个国家的现代化过程基本上表现为工业化和城市化的过程。工业化和城市化基本上构成了一个国家现代化的两个轮子，两个轮子相辅相成、相互促进，才能保障现代化的顺利推进。

在传统社会，人类经济活动主要是与大自然直接打交道，而人类脱离传统社会迈向现代社会的过程，从经济层面来看，就是通过技术的不断进步和非农产业的不断发展、不断提高经济效率和财富创造能力的过程。因此，人类社会现代化的过程必然一方面表现为非农产业不断发展、在国民经济中的比重不断提高的过程，另一方面表现为经济活动以及随之而来的人口和各类生产要素不断积聚的过程。这两个过程，一个就是所谓的工业化过程，实际上是产业化的过程；另一个就是城市化的过程。由此可见，城市化的过程实际上是非农产业的发展和追求效率的一个必然结果。

基于这样的认识，城市化的根本要求主要有三项：

第一，非农产业在整个国民经济中比重的提升。由于非农产业大多集中在城市，也必然是城市经济在国民经济中比重提升的过程。换句话说，城市化应该是工业化的伴生物，是由工业化带动的，对城市化的需求，只能来自非农产业的发展，以及由此带来的居民收入和政府收入水平的提高。这一点看似简单，但实际上不管在宏观政策制定上，还是在微观的实践中，却常常会被遗忘。比如，那种把城市化作为一种手段，作为一种扩大内需和为经济增长提供新动力的思路，需要非常地谨慎。

第二，城市化的过程是人口不断向城市集聚、城市常住人口数量不断增加的过程。但是，就城市化的本质要求而言，光有人口的集聚是不够的，如果没有稳定的就业、没有收入和生活水平的提高，即使居住地从农村转向城市，也不是真正意义的城市化。

第三，随着经济和人口的集聚，必须要有相应的城镇建设和公共服务的跟进，否则也算不上真正意义的城市化。

从城市化的根本要求出发，显然，衡量城市化发展是否健康不可能是某个单一指标所能替代的。比如，如果单向要求人口进城、提高福利水平，那么收入从何而来，能不能持续？反过来，如果我们只强调城市建设，没有相应的产业和人口集聚，城市就会变成“空城”“鬼城”等。概括来讲，促进城市化健康发展，应该处理好五个方面的关系。

一是非农产业发展与人口集聚的关系。现在有些地区为了提高城市化率，先是投资建新城，但没有足够的人口。为了逼农民进城，一些地方政府就把农村的学校撤了，美其名曰“通过搬孩子来搬家长”，但这样操作，能持续吗？这种为了城市化而城市化的做法，实际上还是土地城市化的延续。

二是非农产业发展、人口集聚与城市基础设施建设必须互相协调。基础设施建设对产业布局、人口流向都有很强的引导和带动作用，两者的关系要保持一个动态的平衡。

三是人口集聚与基本公共服务提供的关系。这个问题的本质，是缩小城乡基本公共服务差距。现在许多地方针对进城务工人员采取的公共服务措施，只能算是一种权宜之计。因为进城务工人员这个群体是一个不稳定的群体，今天是进城务工人员，明天回家又是农民了。另外，基本公共服务是一个国家面向全体国民的阳光普照政策，不能说农民进城就考虑他们的基本公共服务，不进城就可以不考虑。当然，城市政府根据自身能力为其居民提供特殊福利则另当别论。

四是城市化与生态环境的关系。

五是城镇建设中规模、结构和质量的关系。

可以说，这几个方面的关系处理好了，城市化就是健康的，就是和现代化进程相适应的。

那么，如何实现这些根本要求呢？关键要在正确认识的基础上深化改革，构筑有利于城市化健康发展的体制机制。主要是做好四项改革。首先是规划制度改革，提高规划的科学性、严肃性，并使之得到认真的贯彻执行；其次是土地制度改革；再次是户籍制度改革；最后是要素市场改革。要进一步推进城乡统一市场建设，打破各类要素包括土地、资金、技术以及劳动力等在城乡之间流动的各种体制和政策障碍，积极创造有利于城乡统一市场建设的各种条件，实现资源在城乡之间的优化配置。

（2）关于完善城市化布局与形态。

①“城市化”与“城镇化”之辩。我国的城市化是优先发展大城市还是优先发展小城市（镇），历来存在较大的争论。主张优先发展大城市的观点主要基于大城市较高的集聚效应、规模效应和辐射效应，而主张优先发展小城市（镇）的观点则主要是从发展农村经济、方便农村劳动力转移的角

度考虑。从改革开放初期一直到20世纪末21世纪初，优先发展小城市（镇）的意见一直占据着上风。2000年10月通过的“十五”建议虽然提出了“大中小城市和小城镇协调发展的城市化道路”，但重心还在“着重发展小城镇”。正因为如此，直到目前为止，在党中央重要文件中一般都使用“城镇化”的提法，很少用“城市化”，目的就在于强调发展小城镇在城市化过程中的重要地位。

在较长的时间内实行鼓励中小型城市发展、抑制大城市发展的政策，致使我国城市规模结构不尽合理，大城市相对不足，与国际普遍规律相比，我国大中城市特别是大型城市集中的人口比例明显偏低。进入“十一五”以后，大城市在促进土地资源节约利用、聚集人口和发挥对周边区域辐射作用方面的重要性越来越受到人们的重视，中央政府也逐渐放弃了限制大城市发展的政策，强调要在“坚持大中小城市和小城镇协调发展”的同时，“以特大城市和大城市为龙头，通过统筹规划，形成若干用地少、就业多、要素集聚能力强、人口分布合理的新城市群”。当然，对大城市及城市群发展的重视，并不意味着对中小城市及小城镇发展的轻视，促进小城镇健康发展仍然是今后一个时期的重要任务。

②“城市”与“城市群”“都市圈”。促进城市化健康发展，不仅涉及大中小城市和小城镇孰轻孰重、孰先孰后的问题，更重要的是要处理好大中小城市之间的关系。我国城市化过程中存在的诸多问题，都与这个关系没有处理好有关。许多大城市缺乏相邻中小型城市的支撑与配合，盲目铺摊子，致使“大城市病”突出；而一些地区中小城市的发

展，又由于缺乏大型龙头城市的支持和带动，发展缓慢，难以有效发挥聚集人口和经济的作用。因此，促进城市化健康发展，不仅要重视单个城市的发展问题，还要重视城市群、都市圈的发展。目前我国已经形成了以长三角、珠三角、京津冀为首的三大密集型城市群。这三大城市群正朝着连绵型的大都市区方向发展，已经成为我国经济发展的核心区域。但我国城市群发展也还存在一些问题。一是我国城市群经济总量占全国的比重低于发达国家，整体发展还不充分。二是城市群的首位城市贡献度偏低，核心城市的能量等级不够。三是城市群内各城市各自为政，发展目标相似，产业结构雷同，竞争大于合作，摩擦多于协调。四是城市群的发展缺乏统一规划，基础设施重复建设依然存在，相互之间衔接不够，空间分布缺乏科学性。

促进城市群发展，首先，要加强城市群规划制定和实施协调，形成跨部门、跨区域的规划协调机制。其次，要在新兴产业空间布局、土地资源配置等方面，采取必要的倾斜政策，支持中西部地区及东北地区城市群发展。最后，要大规模建设全国性和城市群内部的高速交通设施网络，加快发展城际铁路和高速铁路，使之成为保障全国各城市群高效运行的基础条件，进一步促进形成以城市群为主体的城市体系格局。

③从“粗放”到“精明”“紧凑”。促进城市化空间布局优化的另一个方面是城市内部各功能区的优化，促进建立资源节约型和环境友好型城市。从世界范围来看，鉴于人类发展正面临日益严重的资源和环境约束，倡导“精明增长”

（Smart Growth），发展“紧凑型城市”（Compact City），正在成为一种世界性潮流。这种潮流不仅影响我国学术界和各级决策者的思维和行动，也越来越成为我国城市化追求的目标。与世界上大多数国家相比，我国面临的资源环境约束更加严峻，更需要通过功能空间的优化走城市可持续发展之路。

促进城市可持续发展，需要树立资源节约与环境友好的新型城市化观念，多策并举，协同推进。一要综合运用法律、行政与经济等政策手段鼓励和引导城市“节约型”发展。二要在大中城市大力发展快速、大运量、低成本和网络化的城市轨道交通系统，全面提升城市结构，调整城市人口、资源与产业的区位布局和功能分工。三要围绕大型核心城市，按照都市圈的思路，加快建设卫星城市和若干城市副中心，形成放射状的空间格局，提高城市资源配置效率。四要完善水电煤气等基础产品的价格政策，加快实施阶梯式基础性生活必需品价格制度，提高居民奢侈性消费的成本。

3. 京津冀协同发展研究

京津冀协同发展是习近平总书记于2014年2月26日在北京视察工作时提出来的一项重大区域发展战略。为了增强相关规划和决策的科学性，中央决定成立京津冀协同发展专家咨询委员会，我有幸成为其中一员，主要参与总体规划的研究论证工作。

（1）关于京津冀协同发展战略与我国区域发展总体战略的关系。改革开放以来，我国逐步形成了关于区域发展比较完整的战略和政策体系。党的这个体系主要包括三个方面，即四大板块战略、主体功能区规划管控制度及针对具体功能区域或问题区域采取的战略。党的十八大以后，中央又先后提出了“一带一路”倡议、长江经济带发展战略和京津冀协同发展战略，并颁布了实施意见或规划纲要。那么，应当如何理解这一倡议和两个战略与此前的总体战略之间的关系呢？我的看法是，这一倡议和两个战略不是对区域发展总体战略的否定，而是对区域发展总体战略的发展，是在继续坚持区域发展总体战略的前提下对区域发展总体战略的拓展、加强和深化。

所谓拓展，主要是就“一带一路”而言。过去的区域战略，主要是就国内各区域板块的发展而言的，没有将国内各区域板块的发展问题，放在国家总体开放战略背景下统筹考虑。而“一带一路”倡议，正是将我国新时期进一步深化对外开放与加强对外合作的要求，与国内各区域板块的发展战略相对接，从而既能够更好地实现各区域板块的发展，又能够将国家总体开放战略落到实处。

所谓加强，主要是就长江经济带建设而言。长江黄金水道横跨我国东中西三大区域板块，流域各省区之间发展差异大、经济互补性强。通过进一步加强黄金水道交通建设，进一步增强上下游之间在产业发展和生态保护等方面的政策协调、规划对接和执法合作，能够促进流域经济的一体化发展，从而更好地促进东中西三大区域板块的协调发展。

所谓深化，主要是就京津冀协同发展而言。区域协同发展是我国宏观政策长期追求的一个目标。虽然取得了一定的成效，但问题依然没有得到根本解决，这个问题在京津冀地区表现得最为突出和典型。正因为如此，京津冀协同发展有一个定位，就是区域整体协同发展改革引领区，就是要率先改革，取得突破，取得经验，促进全国区域协同发展。

（2）京津冀协同发展要着力解决四个重点问题。一是北京的“大城市病”问题。北京的“大城市病”问题已经延续多年，且越来越严重。实际上，近年来我国不少大城市都出现了“大城市病”，但北京尤为突出。首先是人口增长的失控。《北京城市总体规划（2010—2020年）》确定的2020年人口控制目标是1800万人，可是2014年常住人口就突破2100万人。其次是交通拥堵、房价高涨，大气和水污染严重。北京是国家首都，这种情况不仅影响首都人民的生活质量和身心健康，也影响首都功能的发挥，甚至影响国家形象。建设与我国综合国力、国际地位相称的国家首都，已经成为当务之急。

二是促进河北发展，缩小区域差距。区域差距过大、发展不协调是个全国性的普遍问题，然而，这个问题在京津冀区域表现得尤为突出。2014年河北人均GDP只有北京的40%和天津的38%。区域发展差距过大的原因是十分复杂的，但其中很重要的一点，就是长期以来在北京、天津与河北之间，没有能够形成有效的优势互补、互动发展的格局，北京、天津的发展，不仅没有形成对河北发展强有力的辐射、带动作用，反而出现比较强的“虹吸效应”。

三是解决区域性生态环境问题。京津冀已经成为全国大气污染最严重的区域。大气具有很强的流动性，解决大气污染问题只有联防联控方能成功。京津冀地区也是全国地下水超采问题最突出的区域，三省市年均超采量占全国超采量的1/3，地面沉降漏斗区面积超过5万平方公里，约占总面积的1/4。

四是打造新的经济增长极。改革开放以来，珠三角、长三角都先后扮演过重要增长极角色。进入新时期新阶段，促进中高速增长潜力的释放需要新的经济增长极。而从全国各区域板块的发展基础和发展潜力来看，京津冀区域最有条件担当这个角色。京津冀与长三角面积相当，人口略少于长三角，但GDP仅相当于长三角的一半。京津冀地区发展基础厚实，区位条件良好，特别是具有优越的科技、人才、资金、土地资源等要素条件，增长潜力巨大。

这四个问题，看似是不同层面或不同领域的问题，但却是相互联系，相互掣肘，单项突进很难取得好的效果，只有把它们放在一个战略框架下进行考虑，进行谋划，进行推进，才能形成合力，才能取得“1+1＞2”的效果。

（3）关于打造世界级城市群。《京津冀协同发展规划纲要》对京津冀区域整体定位的第一条，就是打造以首都为核心的世界级城市群。

为什么要提出打造世界级城市群呢？首先，从全国的角度讲，这是我国打造新的经济增长极和推动全国经济整体发展的需要。按照学界比较普遍的认识，世界上现有六大世界级城市群，美国有两个，欧洲有两个，日本和我国各一个。我国现在是世界第二大经济体，且处于经济增长阶段从高速向中高速的转换时期，促进经济持续稳定增长，需要从产业和区域两个方面培育新的增长点。

其次，它是解决北京“大城市病”和促进京津冀区域协同发展的共同需要。北京的“大城市病”，根源主要在于两个方面：一是集中的功能过多，产业结构层次不高，没有与周围的区域、城市形成错位发展、互动发展的格局；二是城市发展空间结构不合理。长期以来，城市建设上采取“摊大饼”和职住分离的方式，而不是按照核心区加卫星城的都市圈方式，也不是按照与周边区域城市协同发展的城市群方式，这必然造成交通拥堵等一系列问题。解决这个问题的思路，一方面是要加快发展首都城市圈，以功能分散为抓手，建设卫星城，并尽可能实现职住合一，减少交通流量。另一方面是要在统筹规划的基础上，在产业布局、基础设施建设、环境保护等方面，加强与周边城市的协调与合作，加快建设以首都为核心的世界级城市群。只有这样，才能够既有效解决北京“大城市病”问题，也能够有效促进京津冀协同发展，特别是河北的发展问题。

五　农业农村发展与改革研究

虽然长期以来我的研究重点并不在农村，但农业农村问题一直都是我非常关心的一个问题。这不仅是因为农业农村问题十分重要，也因为我从小生长在农村，父母一直生活在农村，内心对农村有着一份难以放下的牵挂。

1. 深化农产品流通体制改革

我对农业问题发表的第一篇研究报告，是1995年撰写的刊登于内部刊物《国务院发展研究中心调查研究报告择要》上的《稳定农业生产还须进一步深化农产品流通体制改革》一文。当时的经济背景是，1993年第四季度以来出现了价格总水平的迅猛上涨，1993—1995年居民消费价格指数涨幅分别高达14.7%、24.1%和17.1%，而这次物价上涨，很大程度是由农产品价格波动引起的。这再次提醒人们，农产品市场供求及价格的稳定，是整体经济形势稳定的基础，离开了农业的稳定，就谈不上整体经济形势的稳定。而从农业来看，一方面，农产品流通不放开搞活，就不能适应发展市场经济的要求；另一方面，现阶段我国农业以分散的农户为基本生产单位，信息不灵，基础比较薄弱，受自然条件影响大等，农业生产和农产品市场极易发生波动，而且一旦波动，影响甚大。因此，搞活农产品流通，发挥市场机制对农产品生产和供求的调节作用，绝不是撒手不管，放任自流，而是需要在精心设计的情况下，在农业生产经营体制、市场组织、流通渠道和调控政策手段等方面做出细致的安排。

当时农业生产和流通体制方面存在的问题，归纳起来主要有两个。

一个是在取消农产品指令性生产计划和统购统销流通体制的同时，相应的以市场为基础的农业生产调节机制尚未形成。由于农户分散经营，因此获取和分析市场信息的能力都很差。在这种情况下，农民种植什么，基本上都是依据上年实际的市场供求和价格信息，但当农产品成熟收获时，市场供求情况可能已大相径庭，从而使得农业生产和农民利益出现大幅度波动。那几年，从粮、棉到生猪、兔毛等，都出现过时而供应十分紧张，价格大幅度上涨，时而供应过剩，价跌难卖的情况。农业生产变成了一种投机性很强的事情，农民撞上了，大赚一把；撞不上，大亏其本。显然，这对于农业生产和农产品供应的稳定极为不利。

可以说，在家庭联产承包责任制基本解决了农民的生产积极性问题之后，如何建立有效的农业生产市场调节机制，已经成为稳定农业生产的关键因素之一。从发展趋势来看，随着我国居民消费水平逐渐由温饱向小康迈进，必然要求农业生产结构发生较大的变化，并向高效农业的方向发展。要顺利实现这种变化，除要求农业科技的不断创新外，关键是真正建立比较有效的农产品流通市场调节机制。

建立全国性和区域性的农产品批发市场，以市场手段稳定农业生产和为农民提供市场供求信息，并以此引导生产，调节供求，是十分必要的，也符合市场经济改革的大方向。近年来我国也已经发展了一些农产品现货批发或期货市场，但从实践经验来看，其引导农业生产和调节农产品流通的作用发挥得十分有限。究其原因，主要是在这些相对集中的现代化市场与分散的农户之间，缺乏必要的中介性市场主体，亿万个分散的小农户不可能直接参与这样的市场交易，因而不能直接从这样的交易中获取信息，更谈不上利用农产品期货市场机制稳定农业生产条件。原有的“中介”组织国合商业改革滞后，难以与广大农民形成利益共享、风险共担的关系，起不到使农民通往大市场的桥梁作用，而目前真正参与交易的主体又主要是一些投机商，缺乏与农户和农业生产的紧密联系，因而也起不到向农民传送信息的作用。因此，如何将分散的农户适当组织起来，在分散的农户与现代化交易市场之间搭起桥梁，是目前培育和完善农产品市场调节机制的关键。

另一个突出问题是国家对农产品流通的宏观调控缺乏有效手段。经验证明，调控不能仅靠政策，还必须要有财力、物力做后盾。在农副产品价格上涨中，政府调控手段的缺乏显而易见。依靠国有粮食流通企业发挥主渠道和蓄水池作用的想法，既不符合改革的方向，实践证明也起不到明显作用。国有粮店作为一个经营实体，也要以盈利为目的。国家给粮店的补贴取消了，粮店执行国家政策所发生的亏损怎么办？硬性规定粮店不许涨价的结果，只能是粮店有价无货，消费者还得到自由市场上去购买。因此，在新的形势下必须积极探索新的调控手段。

根据我国国情和历史经验，在农产品流通和价格管理上，我们既不可能长期实行对农产品的高价补贴政策，也不可能继续实行我国实行过的那种低价抽取政策，而只能采取农产品价格基本由市场供求决定，政府通过专项基金调节农业生产和农产品供求，并对重点农业产区和低收入者给予适量财政补贴的办法。国际经验证明，运用基金方式保护农业生产和调节农产品供求是一种行之有效的方法。在这方面，韩国和我国台湾地区的经验值得借鉴。1966年以后，韩国先后设立了“粮食管理基金”“农产品价格稳定基金”“畜产振兴基金”等，运用基金方式，实行农畜水产品储备，发挥“蓄水池”作用。自1973年起，台湾当局每年从财政预算中拨出30万～40万新台币设立粮食平准基金，对稻谷实行不限量保价收购（1976年以后改为限量计划收购）。除粮食外，其他各项农产品均按契约生产，保价收购，对内销的生猪、水果、蔬菜等实行差价补贴，从而保证价格的稳定。

根据以上分析，我提出了三点对策建议。

一是在生产经营体制上，鼓励农业企业化经营，通过引入企业的运作方式改造传统的分散农户经营体制。通过农业企业来组织、引导、带动、覆盖分散的农户，并把他们的生产活动纳入市场需求，从而实现农户生产与市场需求的连接，农村供给与城市消费的连接，以及农业内部农、工、技、贸的连接。特别要采取措施鼓励外资和民间资本进入农业生产和流通领域，兴办大型农、工、技、贸联合公司。目前我国一些经济比较发达的地区如广东省部分地区等，已经在农业企业化经营方面迈出了可喜的步伐，取得了可贵的经验，今后应当在总结经验的基础上，积极采取政策加以引导和扶持。

二是在继续整顿、完善全国性与区域性农产品批发和期货市场的同时，加强农产品流通网络建设，特别是市场主体的建设。鼓励和扶持农民成立不同形式的专业合作社、联合体（比如粮农联合体、棉农联合体）等，引导农民有组织地进入市场；在有条件的地方鼓励农民成立各种种植业和养殖业协会、学会、研究会等，以促进农业的技术进步和技术推广，帮助农民提高获取和分析信息的能力。

三是抓紧建设农产品流通间接调控体系，特别是政策手段的建设。当务之急是尽快建立和完善农业发展基金、农产品流通风险基金和储备基金。自1988年国务院决定设立农业发展基金以来，累计增加对农业的投入近300亿元，在集中资金搞中低产田改造方面，取得了一定的成效。存在的主要问题是资金来源不足，对全局的影响作用有限。因此，今后主要是开辟一些新的资金渠道。比如，可以考虑将已经颁布的法律法规中明确提出开征的农业、林业、水利补偿费用切实征收上来；从占用农业资源，特别是从以土地资源搞开发的经营收入中提取一些；等等。通过这些方式，真正建立起支持农业、保护农业的基金。关于对粮食等关系国计民生的重要农产品实行保护价收购制度，设立风险基金问题，以及实行中央和地方多级储备调节制度，设立储备基金问题，1993年颁布的《中华人民共和国农业法》也已做了明确规定，但真正建立和完善这一套保护制度和措施还需要创造更多的条件，付出更大的努力。鉴于这次粮价上涨中政府调控手段缺乏的教训，1995年应当进一步加快建立中央和地方两级粮食风险基金制度的步伐。

2. 探索促进农民增收的有效途径

2003年前后，农民收入增长缓慢成为一个突出问题，并成为社会各方面关注和讨论的一个热点。但问题是，一方面，农民收入增幅的明显下滑，并非近期才出现，而是已经持续了五六年时间；另一方面，虽然政府近年来一直强调千方百计增加农民收入，也采取了一定的措施，包括一些长期对策和短期对策，但从实际情况来看，问题不仅没有出现明显的转机，反而有不断加重之势。这就需要深思：为什么已有的政策并没有取得令人满意的效果？今后应当如何采取对策才能真正取得实效？

（1）导致农民收入增长放缓的两个主要因素。

在实施改革开放政策之后的相当一段时期，由于两个方面的因素，农民收入的增速曾长期超过城市居民。一是在家庭联产承包责任制的推动下，农产品产量呈现大幅度增加趋势，加之国家多次上调农产品收购价格，使得农民来自农业的收入大幅度增长。二是随着乡镇企业的迅猛发展及进城务工农民的增加，农民来自非农产业的收入也呈现快速增长之势。但进入20世纪90年代以后，一方面，随着农产品供求格局逐步从短缺发展为相对过剩，以及国际市场价格的制约，农产品价格进一步上涨的空间逐渐消失，甚至呈现不断下降态势，导致农民来自农业的收入呈现下降态势。另一方面，农民来自非农产业的收入增长也开始放缓。这是因为，改革开放初期，一般消费品特别是食品及轻纺产品等都处于短缺状态，商品只要生产出来，就不愁卖不出去。在这种市场环境下，乡镇企业获得了较快的发展。但随着一般加工业生产能力的大量过剩，市场竞争开始加剧，对企业技术、资金、管理、质量等要求越来越高，少数乡镇企业经受住了市场竞争的考验，走上规范发展和良性循环的轨道，但大部分却在竞争中被淘汰了。与此同时，由于市场上的空白点越来越少，新的乡镇企业的建立也变得越来越不容易。由于乡镇企业增长率下降，农民在乡镇企业的就业机会及来自乡镇企业的工资性收入的增幅也相对下降。而在进城打工方面，随着国有企业改革改组的不断深入，城市下岗职工越来越多，失业问题越来越严重，许多城市实行了诸多限制进城务工人员的措施，使农民进城打工困难重重，收入增长放缓。

（2）长期对策难解燃眉之急。

农民收入增长的放缓不仅影响了农村经济社会的发展和广大农民生活水平的提高，也制约着国家总体消费的增长和国民经济的良性循环，因此这不仅引起了农业部门专家的重视，也引起了各宏观研究和决策部门专家的重视。当时提出的解决对策主要集中在两个方面:

一是调整农业结构。在大宗农产品大量过剩且价格已经超过国际水平的情况下，要想继续通过过去那种依靠增加农业产量和提高农产品价格的路子来提高农民收入，显然是行不通了，出路只能是调整农业结构，也就是鼓励和引导农民少生产市场过剩的质次价低的农产品，多生产市场销路好的附加价值高的优质农产品。从我国的现实情况来看，通过调整农业结构促进农业现代化和提高农民收入水平的前景是十分广阔的。高附加值农产品不仅在中国市场有很好的前景，在国际市场也有很好的前景。

二是促进农民向非农产业的转移，把农民变成非农民，减少农民数量。这是根本的出路。只有把农业潜在富余劳动力从土地上转移出来，才能减轻土地的压力，才能提高农业的劳动生产率。同时，转移出来的农民，才能有更高的收入。

然而问题在于，虽然上述两种思路和对策从长期来看是十分正确的，是解决我国农业问题的根本之策，但短期内却难以见效，远水救不了近火。首先，农业结构调整需要在千千万万分散的小农户与大市场（包括国内市场和国际市场）之间架起桥梁。与传统的粮棉等大宗农产品相比，附加价值较高的农产品具有技术含量高、市场变化快、对运输和仓储条件要求高等特点，不仅需要发育完善的市场组织和市场服务体系，更需要农民自身素质、组织化程度以及对市场把握能力的提高。显然，“软”“硬”两方面条件的改善都需要假以时日，在得到明显改善之前，很难期望通过农业结构调整而大幅度提高农民收入水平。其次，农民向非农产业的转移所受的制约因素更大、更复杂。比如城乡分割的户籍管理制度不仅束缚着农民在城乡之间的自由流动，也使农民进城以后的生活面临许多难题。再比如经营环境方面存在繁杂的手续，随意的收费、罚款等，也使许多农民把离开土地做生意视为危途，不敢轻易涉入。显然，这些条件的改善也并非短时间能够完成。因此，单纯从上述两个方面采取措施，短期内难以取得明显效果，还必须有一些有效的短期治标性对策。

（3）呼吁更加有力的短期对策。

实际上，近年来为了稳定农民收入，政府也采取了一定的短期措施，包括实施粮食保护价政策、实施退耕还林还草还牧政策、通过试行农村税负改革减轻农民负担，以及通过国债工程改善农村基础设施等。但从实施的效果来看，这些措施还是不够有力，效果也不能令人满意。为此，我当时建议在已有长短期对策的基础上，采取以下三个方面的短期措施：

第一，取消农业税和农林特产税，由此形成的农村地区资金缺口由中央财政转移支付补贴。这个政策建议理论界已经提出多年，应当说既具有经济上的合理性，又具有现实的可行性。分散的农户在很小规模土地上的生产活动，基本上属于维持生活的劳动活动，不能与一般企业的经营活动相提并论，不应当对生产过程征税。在农民来自土地耕种收益已经很低，基本上只能维持很低的生活水平的情况下，不做任何基数扣除的征税，显然也有失公平。另外，从我国现有的财政规模和支付能力来看，只要合理安排，取消每年几百亿元的农业税收，完全是能够承受的。

第二，尽快解决农民的子女教育和医疗保障问题。可以说，这两项不仅是农村居民最大的支出负担，也是造成许多家庭贫困的重要因素。首先是九年义务教育问题，其经费应由国家统筹解决，改变目前主要由农民承担的状况。解决了这个问题，农民的负担可大大减轻。另外，切实落实对贫困地区学生的助学金计划。一个大学生一年少说也要花3000～4000元，相当于一个农村家庭一年的全部收入；一个高中生一年的各种杂费也相当于一个家庭半年的收入。其次是加大国家财政投入，尽快建立适合农村情况的合作医疗制度。如果一个家庭成员生一场大病，花上几万元钱，基本上就会使一个家庭一下子陷入贫困。如果能够很好地解决农村义务教育和合作医疗问题，也可以在很大程度上缓解农民的经济压力。

第三，继续加大对农村的投入。首先必须从思想上深刻认识到，经过几十年的发展，现在已经到了工业反哺农业的时候了。在加入WTO之后，工业对农业的反哺，主要应当通过改善农村和农业的基础条件的途径来进行。这包括农村基础设施建设，农田水利设施建设，农业科技、信息、产前产后服务以及农产品流通体制建设等。通过这样的项目投入，不仅可以大大改善农业的生产条件，增强农民抵御自然灾害和抗御市场风险的能力，也可以使部分投资通过农民出工等形式直接转化为农民收入。近年来国家通过实施积极财政政策，加大了对农业的支持力度，对稳定农民收入发挥了积极作用。今后应继续保持和加大这方面的投入，并把投入的重点放在农田水利建设方面，使农民能够通过参与建设项目获得更多的直接收入。

3. 提高农产品质量和安全水平

2015年秋，我在参加一次国务院领导座谈会发言时提出，农业供给侧结构改革的一项重要任务，是提高农产品的质量和安全水平。经过近年的持续努力，我国在这方面取得了一定的成效，但问题远未解决，现在食品安全问题依然是“社会关注度高而满意度不高、检测合格率高而社会信任度不高”。之所以出现这种情况，原因肯定是多方面的，但其中最重要甚至最主要的一点，是政府的监管不到位，该由政府发挥作用的地方政府作用发挥得不够。在这方面日本“肯定列表制度”的例子很能说明问题。该制度实施之前，日本进口农产品频繁出现化学品超标事件，同时日本国内也屡屡发现违法使用未登记农药问题，消费者对食品安全产生了严重的信任危机。为解决这个问题，日本从2006年开始实施

"肯定列表制度"，对农产品中的农药残留进行平均200项残留限量标准检查，并规定每公斤农药残留量不得超过0.01毫克，堪称"世界上最苛刻的农残比"标准。我国是日本农产品进口主要来源国，这项制度的实施对我国对日农产品出口的冲击可想而知。但令人惊诧的是，此后的实践证明，我国出口日本农产品的合格率不仅达到很高水平，而且还逐年提高。根据日本厚生劳动省的统计，2006—2010年，中国输日食品合格率分别为99.4%、99.58%、99.71%、99.72%和99.74%，而出口额除2008年有小幅下降外，其他年份均呈现小幅增长。这个例子充分说明，不是我们的企业做不到，关键是政府有没有制定严格的标准，并是否严格执行。在农产品监管方面，我们既存在标准不够高的问题，也有执法不严的问题，还有检测、认证认可等中介服务不够有效的问题。在这种情况下，甚至出现有些企业把最好的产品用来出口日本、欧洲，次一些的出口其他亚洲国家，剩下的才在国内销售的情况。

为此，我建议以提高标准和加强监管为主要抓手，实施农产品质量提升工程。一是要进一步提高我国农产品的质量、安全和环境标准，并严格执行。二是要严格规范各级政府的行为，坚决破除地方保护主义，把该由政府做的事情真正做好，做到位，而把市场能够有效发挥作用的事情放给市场来做。三是要进一步加大规范市场秩序的力度，特别是加强社会信用体系建设和知识产权保护，努力创造"好产品能够卖出好价钱"的市场环境。

4. 深化农村宅基地制度改革

2014年底，国务院发展研究中心决定由我分管农村经济研究部，于是我有更多的时间和机会对农村问题进行思考和调研。其中我最关心的一个问题，就是农村宅基地制度改革问题。经过一年多的调研和思考，我与农村经济研究部的张云华同志合作完成了一份调研报告。该报告刊登于2017年第45号的《国务院发展研究中心调查研究报告》中。这篇报告重点论述了以下两个重要的观点和建议。

（1）宅基地制度改革滞后已经成为现阶段农村诸多问题和矛盾的根源。

现阶段我国农村发展中主要存在三个突出问题：

一是农村宅基地及居民点用地闲置浪费严重，土地资源难以充分发挥其效益。改革开放以来，我国城镇化快速发展。特别是自1995年起，乡村人口的绝对数量和在全国人口中的比重呈现“双下降”。按理说，城镇化水平的提升和乡村人口数量的减少从总体上来讲应当是有利于节约居住性建设用地的，因为相对于农民在农村的宅基地而言，农民进城后的居住用地会更加集约。但实际情况却恰恰相反，在乡村人口大量减少的背景下，不仅城镇建设用地大幅增加，农村建设用地也继续增加。《国家新型城镇化规划（2014—2020年）》显示，2000—2011年，在农村人口减少1.33亿人的情况下，以宅基地为主的农村居民点用地反而增加了3045万亩（1亩≈666.7平方米）。

在农村人口大量减少的背景下，以宅基地为主的农村居民点建设用地不减反增，是一个很不合理的现象，需要引起高度重视和认真分析。实际上，出现这一不合理现象的一个重要原因是农村宅基地存在大量闲置浪费问题。而农村宅基地闲置、低效甚至浪费的主要原因，是现行宅基地制度存在重要缺陷。宅基地使用权长期以来仅限于在农村集体经济组织内部流转，甚至本集体也缺乏有偿收回农民宅基地使用权的机制。这导致两个后果：一是对宅基地真正有需要的主体，比如本集体之外的农民、城镇居民、企业、政府等不能通过市场化渠道转入宅基地使用权，从而使宅基地难以体现其市场价值；而这又导致另一个后果，即由于宅基地缺乏市场价值，农民本人也缺乏转出空闲宅基地的积极性。在这种情况下，一方面农村新增户需要新增宅基地，另一方面已经进城农民的闲置宅基地又不能通过市场途径流转和重新配置，因此导致宅基地总量增加与闲置浪费并存。

二是农民的农宅财产权无法实现，制度差异和权利不平等造成城乡居民间房屋财产价值的巨大鸿沟。无论是农民还是市民，住房都是其最为重要的财产。农宅，包括农民的住房及其地下不可分割的宅基地使用权，是农民最重要的财产，无数农民为了盖房投入了大部分积蓄。然而，由于农宅无法进行市场化交易，其潜在价值无法实现。越来越多的农民因外出经商、务工、迁居进城等，其住房和宅基地处于长期闲置状态，闲置的农宅成了农民沉睡的资产。当今，城市住房可交易与农村住房不可交易的制度差异已经在城乡之间造成了严重的权利不平等和巨大的财产鸿沟。一户城市居民的房屋财产价值动辄几十万元、几百万元甚至上千万元，而农村居民的房屋却不值钱。如果说这种情况在过去计划经济和城乡完全分割的情况下还有一定的合理性的话，当前已经越来越不合理。过去城市居民住福利房，也无房屋财产权。而通过城镇住房制度改革，已经赋予城市居民房屋财产权。但农村居民的这个问题却一直没有得到很好的解决。十八届三中全会已经对此指明了方向，提出了要“赋予农民更多财产权利”的明确要求，亟须通过改革尽快落实。

三是农村公共建设资金缺乏，乡村趋于凋敝。国际经验充分说明，城市化并不必然会导致乡村的凋敝，除农业生产功能外，乡村也是人类的宜居之地，是看得见山、望得见水的天然所在。随着城镇化水平的提高和乡村人口的减少，部分乡村需要撤并，村庄数量趋于减少，这是客观必然的。但今后无论如何发展，乡村都仍然会是几亿人口生产生活的场所，美丽乡村都将是美丽中国不可或缺的重要组成部分。

当前我国乡村建设发展中面临一些比较突出的问题，比如由于缺乏规划管控及资金实力限制，农民建房的标准有的比较低，抗震性能差，有的缺乏文化元素，风貌不佳。更突出的问题是，由于公共资金缺乏，农村基础设施建设滞后，垃圾围村，脏水乱流，已经到了十分严重的地步。近年来，各地政府投入资金进行治理，情况有所改观，但问题远没有从根本上得到解决，特别是并没有形成一个良性的可持续的解决途径。我国乡村建设缺乏对资金的吸引力，乡村发展活力不足，这其中有经济社会发展客观规律的作用，但封闭的乡村发展理念、割裂的城乡二元土地制度和孤立的农村宅基地制度无疑也是重要原因。改革开放以来，我们逐步消除了妨碍农村各类资源向城市转移的障碍，城市化水平不断提升，这是符合规律和发展方向的，但与此同时，各类资源向农村流动的渠道并不畅通，市场化的城乡要素双向流动机制没有真正形成。人为制度上的割裂，既造成城乡二元割据，也造成乡村之间的相互割据，造成乡村建设的封闭孤立，使乡村无法留住资金更难以吸引资金进入，乡村建设资金池有出无进，以致乡村趋于凋敝。历史形成的诸多各具特色的村落和古镇，成为我国传统文化和美丽乡村的重要组成部分。而在现行的管理体制下，我们已经很难自然形成这样的特色村落和小镇。

（2）深化宅基地制度改革的核心，是在坚持农村土地集体所有制的前提下，进一步放活宅基地使用权流转。

首先，放活使用权流转是发挥市场机制作用、提高宅基地配置效率的迫切需要。宅基地闲置浪费严重的根源，就在于缺乏宅基地使用权流转市场，市场机制没有在宅基地资源配置中起到决定性作用。只有进一步放活流转，引入市场机制，才能促进闲置宅基地的有效利用，提高土地使用效率，遏制宅基地闲置浪费现象。

其次，放活宅基地使用权流转是赋予农民更多财产权和增加农民财产价值与收入的迫切需要。当年城市住房制度改革、赋予城市居民住房财产权的一个前提，就是在坚持住宅用地国有性质不变的情况下，放活了一定时期土地使用权的流转。党的十八届三中全会提出，要“赋予农民更多财产权利”。农宅是农民最重要的财产，只有进一步放活宅基地使用权流转，农民才能获得相对完整的住房财产权。因此，新形势下赋予农民更多财产权，解决农民住宅财产权不足的问题，也就要像当年赋予城市居民住房财产权一样，在坚持土地集体性质不变的情况下，放活宅基地一定时期使用权的流转。

最后，放活宅基地使用权流转，也是促进美丽乡村建设的需要。放活宅基地使用权流转，赋予公民更加自由的居住迁移权利是构建城乡融合发展制度的一项重要内容。通过改革构建更加开放的宅基地使用权流转交易制度，有利于打破城乡之间、乡村之间居住用地制度结构性割裂状态；有利于释放农村宅基地和农村房屋资源的价值，吸引社会资本投入农村；有利于增强乡村集体的资金实力，从而使其能够更好地履行乡村基础设施建设、环境保护及提供公共服务的职责；有利于提升农村房屋建设质量、标准和文化品位，以宅基地制度改革之力撬动社会资本投入建设美丽乡村。

总之，深化宅基地制度改革，进一步放活使用权流转，是有效解决乡村建设诸多问题、促进战略有效实施的一项基础性制度安排。当然，放活宅基地使用权流转也是一项涉及多个因素的复杂系统性工程，要使其取得成功并切实发挥作用，需要在仔细研究的基础上采取一些配套措施，包括建立健全宅基地使用权和房屋财产权确权登记颁证制度，清理整治乱占、多占问题，改革完善现行的宅基地福利分配制度，乡村规划管控、建立宅基地使用及农宅交易税费制度。但最重要的是明确方向，并在认真研究和仔细筹划的基础上，积极稳妥地向前推进。

六 改革经验与改革战略研究

1. 中国改革的五条成功经验

我对中国改革经验的思考，始于2001年我在美国访问研究期间。当时不少美国专家学者都对中国改革为什么能够取得积极的成效感兴趣，希望我能够多给他们介绍一些这方面的情况。2008年，为了纪念改革开放30周年，国务院发展研究中心召开改革开放回顾与展望的座谈会，为了准备会议发言，我又对以前的一些想法进行了认真反思和梳理。

总体来讲，我认为，中国改革的实践说明，通过逐步和局部的制度调整，积少成多，由量变到质变，不仅有可能实现经济体制的整体转变，而且有可能在转变过程中保持体制的相对有效性，从而在实现体制变革的同时实现经济的快速增长。这是一条十分重要的实践经验，但这一经验是否具有普遍意义，对于其他国家特别是原计划经济国家的体制变革和发展战略是否具有参考价值，既需要进行深入的理论探讨，也需要进行认真的实践总结。我主要根据自己的亲身体会和近距离观察，从中国改革过程中的一些具体的策略性的（而不是战略性的）做法来分析改革能够取得成功的原因。

（1）“摸着石头过河”的改革思路。

总体而言，中国的改革并非“华盛顿共识”的渐进版本，而是完全不同的改革思维模式的结果。改革之初，人们只知道高度集中的计划体制不行，需要对其进行改革，但究竟什么样的体制行，需要改成什么样的体制，以及先改什么

2003年任市场经济研究所所长期间，开展直销立法调研。右三为时任市场经济研究所副所长任兴洲女士，右一为市场经济研究所同事漆云兰女士

后改什么等，人们并不清楚。正是在这样的情况下，邓小平提出了“摸着石头过河”的改革思路，要求按照“三个有利于”的标准大胆试、大胆闯，对了坚持，错了改正。现在回过头来看，“摸着石头过河”不仅成为贯穿整个中国改革过程的重要思想，也构成中国渐进改革的重要特征。按照这个改革思路，首先，需要“过河”是明确的，坚定的。中华人民共和国成立以来的实践已经充分说明，尽管传统的高度集中的计划体制曾经发挥了历史性作用，但已经不能适应进一步解放和发展生产力的需要，必须对其进行改革。其次，“过河”的最终目的也是明确的，坚定的。那就是要探索和建立适合中国国情的经济体制，解放和发展生产力，实现富民强国。但要“过”的“河”有多宽，有多深，彼岸是什么样

子，则是不清楚的。换句话说，虽然改革的最终目的是明确的，但究竟什么是适合中国国情特点、能够促进中国生产力发展的经济体制模式，一开始是不清楚的，或者说存在严重的认识分歧，因而也不可能清楚改革所面临的任务、风险和艰巨性。在这种情况下，只能是“摸着石头过河”，即从中国所面临的现实矛盾和问题出发，按照“三个有利于”的原则和检验标准，不断消除体制中不利于生产力发展的因素，不断探索适合中国国情的改革目标和改革措施。同时，根据发展阶段和所面临的矛盾、问题和任务的变化，不断对过去提出的改革目标和措施进行调整，并提出新的目标和措施。

有人说中国改革的成功在于充分发挥了政府的作用，或者认为，在于始终坚持了市场化的改革方向，我认为这些说法都低估了中国改革领导者的思想境界。虽然从中国改革的实际过程来看这些说法不无道理，但这样的概括只看到了问题的表象，而没有抓住问题的实质。从更深的层次看，中国改革始终坚持的，并非是市场的或计划的取向，或者某种成熟的市场经济模式，而是在保持社会政治稳定的前提下，通过不断的体制调整，不断消除旧体制中制约生产力提高的因素，解决中国面临的各种现实问题，促进经济发展，实现“三个有利于”。换句话说，只要能够解决中国不同阶段面临的现实问题，有利于解放和发展生产力，中国的改革者就既不会刻意放弃计划或行政手段，也不会盲目采用市场或经济手段。在改革的总设计师邓小平看来，不论是计划还是市场，甚至不论是计划经济还是市场经济，都不过是中国实现现代化和富民强国的手段，而不是目的。中国改革的实际过程之所以呈现出市场化的取向，并非是确立或坚持了市场化的目标使然，而是针对中国现实问题，结合中国实际，在不断探索合适的解决方案中所做出的选择。认识到这一点是十分重要的，因为正是由于坚持从解决中国实际问题出发——而不是从理论或先验的目标模式出发——选择改革目标和改革举措，渐进改革才在不断解决中国实际问题和不断促进中国生产力发展中逐步使得整体体制不断趋于完善。

同时，还需看到，"摸着石头过河"不仅是探索符合中国国情的体制模式的必然选择，也是克服阻力、争取时间、推进改革、促进发展的明智之举。目标的渐进性首先反映了人们认识水平提高的过程。如果在人们认识水平没有达到时提出过高的目标，不仅会遇到较大的阻力，而且会面临很大的执行困难。比如，改革开放初期别说提出市场经济，就是提出商品经济，也会面临很大的阻力和引发激烈的争论。因此，1978年开始改革时只是提出一个比较笼统的改革目标，即"对内搞活经济、对外实行开放"。随着实践的进展和认识的深化，改革的目标也不断深化。从1982年提出"计划经济为主，市场调节为辅"，到1984年提出"有计划商品经济"，再到1992年将"社会主义市场经济"确定为改革的目标，贯穿始终的一个特点，就是根据中国实际需要不断调整生产关系、不断解放生产力，而具体要建成怎样的经济体制，或者究竟什么是中国特色社会主义市场经济体制的框架和内容，则需要在实践中不断探索、丰富和发展。

（2）改革率先从农村开始。

这是中国改革的另一个重要特点。回顾改革开放，可以说率先从农村开始进行改革，既是客观形势所迫，又是合理的改革选择，对于保障改革的整体成功发挥了重要的作用。首先，农村面临的问题最为突出，也最为迫切。改革之初，中国面临严重的物资短缺，其中最为严重的就是粮食和食品的短缺。因此，大力发展农业生产，增加粮食产量，解决食品短缺问题，成为当时的头等大事。虽然导致粮食和食品短缺的因素是多方面的，但长期实行农业集体经营，挫伤了广大农民的生产积极性，是最为根本的原因。因此，要解决粮食短缺问题，必须改变农业的集体经营方式，探索适合中国当时农业生产力水平的经营方式。其次，相对于城市经济而言，农村经济相对独立，与其他领域的联系相对简单，因此改革从农村开始不涉及复杂的配套改革或关系调整。再次，农村是计划经济相对比较薄弱的环节。与苏联不同，中国农村的计划经济体制是不彻底的。中国既没有集体农庄，农民也不是农业工人，农户始终保留少量自留地，农贸市场也一直存在。因此，改革从农村开始相对比较容易。最后，农村经济关系相对简单，改革措施容易形成。实际上，农村改革的主要举措，即家庭联产承包责任制，并非是改革决策者的发明，而是来自安徽农民的实践。改革措施只是简单承认了过去被认为是非法的农民自发实行的做法为合法，并在全国各地普遍推行。正是以上原因，农村改革不仅受到广大农民的热烈欢迎，进展顺利，而且成效显著。

农村改革的成功和农业生产的恢复和发展对整体改革有多个方面的推动作用。首先，鼓舞了士气，增强了信心。农村改革的成效使广大群众切身感受到体制变革的威力，从而极大地调动了广大干部群众参与改革的积极性，壮大了改革的力量。其次，粮食短缺问题的基本解决为整体改革的推进创造了基本条件。吃饭问题是任何国家、任何社会和任何发展阶段的头等大事，这个问题不解决，不仅其他方面的事情无从谈起，甚至社会政治的稳定也很难维持，更遑论改革开放。再次，农业生产率提高所释放的劳动力和产生的剩余价值，不仅促进了农村非农产业的发展，也为工业的迅猛发展创造了条件。随着农业生产的增长，农村各种种植养殖专业户、产前产后服务专业户、农村建设和社会发展服务专业户，以及从事运输、加工制造的专业户等如雨后春笋般发展起来，这成为中国乡镇企业兴起的发端和雏形。同时，农业剩余价值的增加以及源源不断的廉价剩余劳动力，成为中国加工业获得比较优势并迅猛发展的一个重要条件。最后，为其他领域的改革提供了示范和经验。农村承包制的成功，使得承包制成为后来几年城市和工业领域改革的主要思路。虽然由于城市经济与农村经济相比所具有的复杂性以及承包制本身所固有的缺陷，承包制不可能作为城市经济改革的最终模式，但在当时情况下，承包制的推行对于冲破传统体制的束缚、对于工业生产的增长等所发挥的促进作用还是值得肯定的。

（3）以增量和局部改革带动全局改革。

这实际上是中国渐进改革主要和最为直观的特征。这种改革思路可以说贯穿了中国改革的全部过程。按照这种改革思路，当一项改革举措一下子难以全面铺开时，往往采取两种渐进的推进方式：一是增量改革，即改革政策首先针对经济增量实施，而针对经济存量的政策保持不变；二是局部改革，即改革政策首先在局部地区实施，而针对其他地区的政策保持不变。中国的价格改革是典型的增量改革模式。1984年，为全面启动城市经济改革，国务院发布了《国务院关于进一步扩大国营工业企业自主权的暂行规定》（俗称“扩权十条”），规定国有企业超计划生产的产品可以自销，并在国家定价上下20%的浮动范围内自主决定价格。这项政策导致价格的双轨制，即同一种产品既有国家计划价格，又有计划外市场价格。随着企业生产规模的不断扩大，超计划部分在生产总量中的比重越来越大，而计划部分在总产出中的比重则越来越小。发展到一定时候，完全取消计划价格，实现价格的并轨就变得相对容易了。增量改革的另一个典型例子是劳动用工制度的改革。1986年国务院颁布《国营企业实行劳动合同制暂行规定》，为了减少改革阻力，规定劳动合同只适用于国有企业新招用的职工，而不适用于老职工，即实行“老人老办法，新人新办法”。随着老职工不断减少和新职工不断增多，发展到一定时候实行用工制度的并轨也就成为比较自然的事了。实际上，至20世纪90年代，劳动合同就逐步推广到各类企业的全体职工，实行了“全员劳动合同制”。局部改革是渐进改革的另一种方式。当一项改革影响重大，一下子很难在全国范围内普遍实施时，往往首先在部分地区实施和试验。不论是改革政策还是开放政策，许多政策在全国推行前，都曾经在某个或某几个省市进行试验。

作为渐进改革的典型特征，增量改革和局部改革对于总体改革的成功既有负面作用，也有正面效果。负面作用是：①容易损害公平原则。比如，一些改革政策在有些地区率先试行，因此很容易使该地区产生市场优势，这对其他地区而言是不公平的。另外，也导致地方政府争抢改革试验权的现象。②容易损害经济体制的整体有效性。比如，双轨制价格体系容易导致价格体系的紊乱，影响资源配置效率。③容易导致腐败。价格双轨制就是腐败的温床。如果某人可以利用手中的权力拿到计划内物资，并将其按照计划外市场价格出售，就可以获得巨大的利差。正面效果是：①减少改革阻力。比如，"老人老办法、新人新办法"就不会影响现有职工的既得利益，因而很容易获得支持。②取得改革经验，避免犯大的错误。不论是增量改革还是局部改革，都带有试验性质，成功了，可以取得经验，以利改革方案的完善与推广；失败了，影响较小，易于纠正。

（4）大力促进非国有制经济超前发展。

国有企业改革是任何实行传统计划经济的国家进行改革时都会面临的主要和艰巨的任务，中国也不例外。在改革初期，当大规模推进国有企业改革的条件还不够成熟时，中国采取了在积极探索改革路径和为推进国有企业改革创造条件的同时，大力鼓励和扶持非国有制企业发展的策略。非国有制经济的快速发展是中国改革开放和发展历程中的一大特色。1978年，当中国开始改革开放时，工业总产出中国有经济的比重高达78%，集体经济大约是22%，私有制经济几乎可以忽略不计。而截至2006年底，在全部国有及规模以上非国有企业总产出当中，国有及国有控股企业所占比重已经减少到35.7%，而包括私有制企业、集体所有制企业和各种类型的混合所有制企业在内的非国有制企业的产出所占比重已经达到64.3%。

大力鼓励和扶持非国有制经济发展的政策对于整个改革的成功发挥了十分重要的作用。首先，非国有制经济的发展壮大代表着新生经济力量的壮大。非国有制企业主要是在实施改革开放政策以后按照市场需求发展起来的，因此，与旧的计划体制下成长起来的国有企业相比，它们与市场具有天然的联系，具有更强的适应市场经济的能力。其发展和壮大，在一定程度上可以说就是新生的市场经济力量的发展壮大，从而为整个经济注入了新的活力。其次，非国有制经济的超前发展，降低了推进国有制经济改革的难度与风险，使得有关国有企业改革的重大决策更加容易。当国有经济在国民经济中所占的比重过高，整个国民经济过多依赖国有经济时，国有企业改革就带有很强的敏感性。因为一旦改革发生失误，不仅会严重影响国家经济和社会稳定，也会对人民生活产生很大影响。因此，在这种情况下，对国有企业改革的决策就需要慎之又慎。但当非国有制经济发展到一定程度且在国民经济中占有较大的比重时，整个国民经济对国有经济的依赖程度就会减轻，改革决策的难度也会相应减轻。再次，非国有制经济的快速发展，在一定程度上扮演了国有经济竞争对手和改革示范者的作用，从而推动了国有经济的改革。当处于垄断地位时，国有企业感受不到竞争压力，也就感受不到改革的迫切性和必要性，这时对其进行改革难度很大。随着非国有制企业的发展和壮大，非国有制企业越来越成为国有企业在市场、原料、人才、资金等诸多方面强大的竞争对手。这时，国有企业如果不改革，就不是效率高低的问题，而是能否继续生存的问题。这种压力不仅是广大国有企业职工必须面对的，也是国有企业负责人必须要面对的。正是这种来自非国有制企业的激烈竞争和来自市场的生存压力，推动着国有企业不断改善管理，提高质量，降低成本。最后，非国有制企业的发展也为国有企业改革创造了条件。比如，国有企业改革势必导致职工下岗分流，这时如果没有更多的就业机会，就会导致大量的职工失业，产生严重的民生问题和社会问题。而非国有经济的发展，正好吸收了国有企业改革中所释放出的富余劳动力，为国有企业改革创造了条件。

（5）国内改革与对外开放相结合。

在推进国内改革的同时实行对外开放政策，二者相互支持，相互促进，是中国改革的另一个成功经验。中国的对外开放政策几乎是与改革政策同时展开的。早在1979年，中央政府就决定对广东、福建两省实行“特殊政策、灵活措施”，并设立深圳、珠海、汕头、厦门4个经济特区。1984年，又决定对14个沿海城市实施开放政策，设立经济技术开发区，吸引外资，加快发展。开放政策对于中国改革的成功发挥了多方面的重要作用。首先，它扩展了人们的视野，巩固了改革基础。当国门打开之后，人们通过各种途径（出国访问、留学，广播、电视、书报杂志等媒体，商品贸易，等等）开始了解国外。人们切身感受到在经济发展与生活水平方面中国与发达国家的巨大差距，意识到中国落后的程度和加快发展的迫切性，从而使得通过改革加快发展成为开放政策的必然结果。国门打得越开，人们对国外了解得越多，加快改革和发展的愿望也就越强烈，最终使得改革成为一种不可逆转的潮流。其次，开放为改革提供了便捷和有效的知识和信息途径。正如前文所述，改革初期，虽然在改革的必要性、紧迫性方面有着广泛的共识和社会基础，但对于究竟改什么、如何改，特别是有哪些措施可供改革决策者比较和选择，人们却知之甚少。在这种情况下，学习和借鉴国外先进经验成为一种必然的选择。为了制定改革战略和政策，一批批学者和官员前往国外考察学习，一批批图书资料被译成中文。从中国改革的整个过程不难看出，学习和借鉴国外先进经验成为中国改革者极为重要的一个改革思路。每当一项改革不知如何开展时，人们首先想到的总是“看看国外发达国家是怎么做的”；每当重大改革需要实施而对后果难以把握时，人们也总会想到“看看国外有什么成功的经验或失败的教训”。当然，中国的改革者始终清楚，学习借鉴不是照搬照抄，无论一项措施在国外多么成功，被采纳时都会根据中国的实际情况进行评估、分析和做出必要的调整。最后，对外开放为国内改革的推进提供了持续的推动力。这也许是对外开放政策对改革的最大贡献。改革开放初期，开放政策的主要任务就是通过建立特区和吸引外资，加快发展步伐。而要成功引来外资，就必须为外资企业的设立和运营创造条件，使得它们不仅愿意来，而且留得住，能发展，因此需要对国内管理架构、审批制度、激励政策等进行改革。同样，对外开放政策要求中国更多参与到全球竞争中去，利用两种资源、两个市场加快自身发展。而要参与国际市场竞争，与国外企业、政府打交道，就必须按照国际惯例行事，就必须改革中国法律法规及相关政策与国际惯例、规则相矛盾或相冲突的内容。当然，对外开放与对内改革始终是相辅相成、相互促进的。开放支持和促进了改革，而改革和发展的不断深入又反过来对进一步开放提出了新的要求，并为之创造了更好的条件。

2. 新时期全面深化改革的重大意义

党的十八届三中全会通过了《中共中央关于全面深化改革若干重大问题的决定》（简称《决定》）。《决定》有高度概括性的两句话，一是总结过去："改革开放是决定当代中国命运的关键抉择，是党和人民事业大踏步赶上时代的重要法宝"；二是面向未来："面对新形势新任务，全面建成小康社会，进而建成富强民主文明和谐的社会主义现代化国家、实现中华民族伟大复兴的中国梦，必须在新的历史起点上全面深化改革"。如何理解这两句话的深刻含义呢？这需要从我国现代化进程的历史视野来说明。

在人类历史的长河中，不论是在经济发展方面，还是在社会文明程度方面，中国都曾长期处于世界领先水平。根据著名经济史学家麦迪森的估计，在1800年之前的3个世纪，中国一直是世界上最大的经济体。直到鸦片战争发生前20年的1820年，中国经济总量占全球的份额还在1/3左右，其经济总量比整个欧洲要高出约20%。但在之后的大约160年间，中国经济占世界的比重持续下降，辛亥革命前后降到9%左右，中华人民共和国成立前后降到4.5%，而改革开放前甚至降至不到2%。经济的落伍和国力的衰败使得国家和人民饱受欺凌和屈辱！赶上世界潮流，实现国家的现代化和中华民族的伟大复兴，成为鸦片战争以来全体中国人的不懈追求。

经过中华人民共和国成立以来特别是改革开放40年的发展，中国的现代化建设已经取得了巨大成就。1979—2012年的34年间，GDP年均增长9.8%，创造了人类经济发展史上的一个奇迹。世界银行的数据显示，2011年我国经济总量达7.3万亿美元，占世界经济总量的比重已经超过10%，人均达到5440美元，进入了上中等收入国家行列，成功实现了由低收入国家向中等收入国家的转变。如何看待我们已经取得的成就呢？两句话：第一句，我们有理由感到高兴，感到自豪。第二句，切不可沾沾自喜，忘乎所以。一方面，虽然我们今天的经济总量不小，但人均水平仅处于全球平均水平，与发达国家差距巨大，因此发展水平不高，发展任务依然十分艰巨。另一方面，即使有一天我们的GDP总量成为全球第一，我们也没有理由自满，也要保持十分清醒的头脑。因为GDP全球第一并不意味着最富有或发展水平最高，我们的发展水平与发达国家差距依然很大。另外，最重要也是最值得我们吸取的历史经验是，经济总量大，并不意味着国家强。如上所述，1840年鸦片战争时，我国的经济总量就是世界第一，但并不能阻止列强的侵略。中日甲午战争时，我国的经济总量是日本的好几倍，也避免不了我们失败的命运。为什么呢？因为我们的经济总量虽大，但技术水平低，生产和出口的都是丝绸、瓷器、茶叶之类的东西，而人家的经济总量虽然没有我们大，但技术水平、机械化程度高，有坚船利炮。另外，国家治理体系是否有效、治理能力是否较强，也是重要的影响因素。因此，在世界工业化、现代化的历史上，有一个重要的经验值得我们今天很好地汲取，那就是“肥羊效应”。在自然界的丛林法则中，如果你是一只老虎或者狮子，你有能力保护自己，那么你长得大一些、肥一些没有关系。但假若你是一只羊或者一头猪，没有能力保护自己，那么，长肥长大对你来讲就并不一定是一件好事。所以，我们在长大长胖的同时，还必须变强，必须逐步积累起保护我们自身不受宰割和掠夺的能力。

因此，我国现代化建设的下一个战略目标，就是再经过10～20年的努力，跨越中等收入阶段，迈向高收入社会，实现既富又强，从而完成基本实现现代化的战略目标。当然，这里的强并不仅仅是经济实力和国防力量强，还包括较强的软实力，包括价值观、治理体系和治理能力等。那么，我们能够顺利实现这个目标吗？在后发国家的追赶型现代化过程中，有两个国际经验值得我们深思和高度重视。一个就是所谓的“中等收入陷阱”现象。近现代以来，世界范围内，众多的落后国家都曾经或正在进行着后发国家的追赶型现代化过程。结果怎么样呢？一个十分有趣但非常令人深思的现象是，绝大多数国家在现代化的起步阶段进展都相当顺利，并很快实现了由低收入国家向中等收入国家的转变，但此后的发展却出现明显分化：少数国家成功地将发展进程保持了下去，并最终实现了由中等收入向高收入的转变，成功者如日本、韩国等；而大多数国家，典型的如拉美的阿根廷、智利等，亚洲的印度尼西亚、泰国、菲律宾等，都陷入了长期的停滞、徘徊状态，迟迟难以实现由中等收入向高收入的跨越。另一个值得重视的国际经验叫“制度高墙”现象。2009年，美国哈佛大学一个教授写的一篇文章很有意思，他选择了世界上100多个国家，并用一套指标对这100多个国家的制度优劣状况进行定量分析，最后得出的结论很值得我们今天深思。他发现，当人均收入少于11000美元的时候，人均收入水平的高低与制度的优劣关系不大，不太密切。但当人均收入大于11000美元的时候，经济增长的绩效和人均收入水平的高低与制度的好坏则密切相关，凡是高收入国家都有比较好的制度安排。换句话说，如果没有一个有效的制度安排，中等收入国家将难以跨越11000美元的高墙而进入高收入社会。为什么会出现“中等收入陷阱”和“制度高墙”现象呢？最主要的原因在于，在后发国家追赶型现代化的过程中，从低收入社会向中等收入社会的转变，与从中等收入社会向高收入社会的转变，是两个性质上不大相同的发展过程，面临的发展环境、发展条件不同，需要的发展模式和体制保障也是不同的。在前一个阶段，经济发展水平较低，发展主要依靠低成本、现有成熟技术等后发优势，这时对经济体制好坏的要求不高，只需要基本的政治社会稳定就能够启动工业化的进程，并达到中等收入水平。但当经济达到中等收入水平之后，不仅之前的许多比较优势会发生变化，比如低成本优势逐步减弱、“人口红利”逐渐消失等，也会面临更加复杂的政治、社会环境，比如当人们温饱问题基本解决之后，对公平、正义的要求会更高，相应的政治诉求也会不断提升等。从各国的经验看，成功实现从中等收入阶段向高收入阶段跨越的关键，是要实现两个方面的创新和转变：一是增长动力的创新，即从低成本要素投入推动的增长转变为创新驱动的增长，实现比较优势的动态转换和提升；二是社会管理模式的创新，即从传统的国家、社会治理模式转向现代治理模式，以有效协调利益关系，保持社会的和谐稳定。实现不了这两个方面的创新和转变，现代化进程遭受挫折，就会停滞甚至逆转，大多数掉入所谓“中等收入陷阱”的国家，都是在这两个方面出了问题。然而，实现这两个方面的创新和转变绝非易事，因为它们对体制的好坏提出了更高的要求。有些国家之所以掉入“中等收入陷阱”，就是因为过不了体制改革和发展模式创新这个关。从我们自身的情况看，过去40年我国的发展相当成功，但是过去的成功并不能保证今后的成功。我国现行发展模式的弊端和不可持续性已经十分明显。然而，转变发展方式的问题已经提出多年，为什么迟迟难以转变呢？最关键的还是体制模式没有得到彻底转变。因此，关键是通过改革，构建起能够支撑高质量发展和促进发展方式转变的体制机制。这不仅需要在经济体制方面继续创新，也要在政治体制、文化体制、社会管理体制、生态文明体制、国防及军队建设体制、党的建设和领导体制等方面进行改革和创新。了解了这样的历史背景我们再来阅读《决定》中的那句话，就能体会到其中的深刻含义。

3. 有效推进改革需要处理好四个关系

党的十八大以来，党中央的改革决心之大是前所未有的，特别是党的十八届三中全会对全面深化改革进行了部署。党的十八届三中全会以来，各项改革也在全面推进，在不少领域都取得了比较明显的进展。存在的一个比较突出的问题是，有些方面改革所取得的成效还不尽如人意，特别是一些重点领域和关键环节的改革，其进展和成效与党中央的要求相比，还有一定差距。这里面既有改革进入深水区、难度在加大的问题，也有改革的具体途径、方式、方法方面的问题。在这种情况下，我提出（2016年）下一步深化改革需要着力处理好四个方面的关系。

第一，在改革的内容上，要在坚持供给侧结构性改革这一主攻方向的同时，更加重视推进需求侧的改革，以充分挖掘和释放现阶段的需求潜力，增强和拓展经济增长的新动能。比如投资需求方面，现阶段中国的城乡基础设施投资需求依然是很大的，比如农村道路硬化、垃圾污水处理、危房改造、农田水利设施建设、城市地下管网建设、老旧小区改造等，而且支持这些领域建设的钢材、水泥等工业产能都是过剩的。但充分释放这些方面的投资需求潜力，涉及基础设施投融资制度、农村建设用地制度特别是宅基地制度以及乡村治理体制等方面的改革。如果这些改革能够有效推进，不仅能够释放出巨大的需求潜力，也能够为这些投资需求筹集到比较充足和可持续的资金。但如果这些方面的改革不能深化，其潜力就很难实现。

第二，在供给侧结构性改革中，要处理好政府与市场的关系。结构调整优化的过程本质上是一个市场优胜劣汰的过程，什么技术路线有前途、什么产业和业态前景好、什么产能是过剩产能、什么企业是僵尸企业等，都不是能够人为认定的，而是一个市场选择的过程。政府如何更好发挥作用？主要是严格执行环保质量安全标准，管好就业、管好系统性风险，需要由市场解决的其他事情就由市场来解决。

第三，在改革推进的方式上，要处理好顶层设计和基层探索的关系。现阶段强调顶层设计是必要的，同时也要鼓励基层大胆闯、大胆试，否则可能使一些改革陷于争论而裹足不前。习近平总书记强调，中央通过的改革方案要落地生根，必须鼓励和允许不同地方进行差别化探索。在总体原则方向确定的前提下，要进一步鼓励地方、基层结合各自实际大胆试验、大胆创新。同时，要容忍改革者失误，容忍改革失败，为地方基层大胆试验创造良好环境。

第四，在改革动力机制设计方面，要处理好激励和约束的关系。不论是稳增长还是调结构，都需要充分发挥广大干部的积极性。近40年来，我国经济的高速增长在很大程度上得益于逐步形成的对各级领导干部很强的激励机制。现在看来，这个机制在促进经济高增长的同时，也带来了不少问题，必须对其进行改革，以适应新任务、新要求。但在改革中，需要处理好破与立、“堵后门”与“开前门”、约束和激励的关系，以鼓励真正干事创业的干部。习近平总书记多次提出并强调“三个区分开来”的要求，保护那些作风正派又敢作为的干部。只有这样，才能把大家的积极性真正调动起来，把改革真正推向深入。

七 其他方面的研究

除了上述几个方面的研究之外，由于自己的专业兴趣和咨询研究工作的需要，还有三项研究成果值得一提。

1. 提出比较优势说动态应用的观点

这是1984年我在我的硕士论文中提出的一个观点。经过中国40年的改革开放和发展，现在回过头来看，这个关于发展中国家经济追赶战略的理论分析，还是比较贴切的。实际上，我国40年的经济追赶过程，正是比较优势说动态应用的一个典范。

我在论文中写道：

关于传统的比较优势说，一般认为，它对经济发展问题的不适应性主要是由于其过分严格的、不切实际的前提，比如假定各国资源数量、质量固定不变，生产要素充分就业以及没有资本和熟练劳动力的国际流动等。而我认为，这种分析虽不无道理，但若联系到落后国家的经济发展问题，则是远远不够的，尤其是对发展中国家的经济发展而言，存在很大的局限性。

根据传统比较优势说，如果每个国家从事成本比较便宜的产品和劳务的生产，那么世界经济产出将达到最高限度。……整个19世纪并一直到20世纪，发达国家的许多经济学家和政界人士都以比较利益说为根据，鼓吹殖民地及其附属国和以后的发展中国家应该集中力量生产粮食、矿物和其他初级产品，并由发达国家输入工业产品，因为落后国家的劳动力丰富而资本缺少，相对优势在劳动力，而发达国家的资本丰富而劳动力缺少，比较利益在资本。然而，从动态的观点来看，比较优势说在实际应用中有一个正向循环的作用。就是说，在任何时期，每个国家都存在着具有相对优势的部门或产品，而如果这些国家一旦根据各自现有的比较优势进行国际分工和国际贸易，那么，通过这种专业化生产，会反过来加强原来的比较优势和贸易基础。这是因为，一个国家一旦专业从事于某种产品的生产，那么就比较容易改良其生产技术，降低其生产成本，提高其产品质量。在这种情况下，如果完全按照传统的比较优势说话行事的话，那么，发展中国家在初级品生产上、发达国家在制造品生产上的优势会越来越大，而且，这种情况，随着分工的加深和贸易的扩大，会有越来越严重的趋势。

如果孤立地看，这种情况并没有什么重大意义。但是，如果我们考虑到初级品和制造品两种产品的不同需求弹性及其对需求量的影响，那么它对发展中国家贸易地位和贸易收入的不良影响就会明显地表现出来。这是因为发展中国家所出口的产品，大多属于劳动力要求投入较多，资金要求较少、技术要求较低的农产品、矿产品和初级制造品，如粮食、副食品等生活必需品和矿物、原油等工业原料。作为生活必需品，这类产品的突出特点是其需求的收入弹性和价格弹性都很小；而作为工业原料，对其需求的增加又经常受到技术进步所引起的原料节约的威胁和替代品的冲击。与此不同，发达国家所出口的产品，主要是资金要求较多、技术要求较高的工业制造品，包括电视机、小汽车等高档消费品和工业、交通等方面的生产、运输设备。这类产品的特点是，作为消费品，其需求弹性很大；作为工业设备，随着技术进步和经济的发展，其需求量也会不断增加。如果把上述两个方面联系起来我们就会发现，在这种国际分工和贸易格局下，发展中国家长期所面临的将是一个趋于饱和、不断萎缩的需求市场，其贸易地位和贸易条件，有不断恶化的趋势。

由此可见，为了有效地利用国际贸易这一经济发展的刺激因素，促进经济发展，发展中国家绝不能迷信、盲从传统的比较优势说。但是，发展中国家能否断绝同发达国家的贸易往来，单纯依靠自身的力量来发展其民族工业呢？在目前，这种想法对发展中国家的经济现代化，既不现实，也不会有任何好处。世界经济发展到今天，科学技术日新月异，国际交往越来越频繁，信息在社会、经济生活中的重要性越来越大。在这种情况下，任何闭关锁国的企图，最终只能是自食其恶果。具体讲，发展中国家要想促进其经济现代化，进而改造其原有的产业结果和出口结构，它就必须向先进国家学习，吸收它们的先进技术、设备，乃至先进思想。面临不利的国际环境，发展中国家不能因噎废食，而要以积极的态度，努力利用国际有利条件，改变不利条件。

那么，如何达到这一目的呢？我们认为，关键在于引进外国的先进技术设备，改变国内产业结构，提高劳动生产率。但是很明显，要能够做到这一点，又必须有足够的外汇收入。同样明显的是，任何国家要想在经济发展的起步阶段通过贸易增加外汇收入，它就必须生产和出口具有相对优势的产品。除此之外，别无他径。这就是以上多次提到的比较优势说对于经济发展问题的合理内核之所在。

因此，为了有效地利用国际贸易以促进经济发展，发展中国家既要遵循比较优势说的原则，又不能对其迷信、盲从，而要对其进行改造、发展，要动态地运用它。具体讲，新的贸易指导思想可以概括如下：从现有的比较优势出发，通过国际贸易获得比较利益，增加外汇收入；并不断地利用所获得的外汇收入引进先进技术设备，提高国内劳动生产率，改造国内旧的产业结构，从而改变原有的比较优势和贸易基础；利用新的比较优势扩大贸易，并使之在一个动态的基础上进行良性循环。

2. 比较早地开展中国竞争政策研究

我对竞争政策的关注与研究，始于2003年我在国务院发展研究中心市场经济研究所（简称“市场所”）任所长期间。当时的情况是，虽然我国已经初步建立了社会主义市场经济体制，但市场秩序不良、竞争不规范的问题普遍存在，严重制约了市场竞争的有效性。按照党的十六大确定的改革目标，就是要通过进一步努力，争取到2020年建成比较完善的社会主义市场经济体制。在这种情况下，市场所把竞争政策作为一个重要课题，目的是通过竞争政策的完善，促进我国市场秩序的规范和市场经济体制的完善。另一个背景是，这时市场所与英国文化教育协会（British Council）确定了一个合作研究项目——“中国经济转轨时期的竞争与规制研究”。英国方面的研究合作单位是曼彻斯特大学的竞争与规制中心（CRC），这样就为我们了解英国及国际上的竞争政策经验提供了方便。2006年，我完成了题为《现阶段我国竞争政策面临的主要问题及对策思考》（《国务院发展研究中心调查研究报告》，2006年第47号）的研究报告。我的基本看法和建议是，与发达国家相比，现阶段中国面临的制约市场竞争的主要问题和竞争政策所面临的主要任务具有很大的特殊性。行政性垄断、经济性垄断和不正当竞争问题同时存在，错综复杂。竞争政策必须全面顾及这些问题，并针对不同类型的问题采取不同的对策。既要通过反垄断法的立法和执法规制典型的经济性垄断问题，更要通过加快改革从体制根源上解决行政性垄断和不正当竞争问题。

（1）体制变革背景下竞争政策的特殊性。从理论上讲，竞争政策的概念有广义和狭义之分。狭义的竞争政策专指反垄断的法律法规、政策工具和政府架构，而广义的竞争政策则指政府为促进和维护有效的市场竞争环境所制定和采取的一系列法律法规、政策和制度安排。也就是说，除了狭义的竞争政策所涵盖的内容外，还涉及民营化、放松管制、补贴政策、国际贸易政策及外国投资政策等。

竞争政策的根本宗旨是通过维护和促进竞争，提高经济效率，增进社会福利。但是，对于不同的经济体制背景、不同的经济发展阶段和不同的文化传统习惯而言，制约市场竞争的主要因素会有所不同，因而竞争政策所面临的主要任务也会有所不同。比如，对于西方发达国家而言，其市场经济体制比较成熟，法律体系比较健全，因而行政性垄断问题和不正当竞争问题一般而言相对较轻；但由于其经济发达，企业规模较大，市场集中度较高，经济性垄断问题一般比较突出，竞争政策的重点一般也放在规制这类垄断行为上。但对于经济体制处于从计划体制向市场体制变革过程中的经济体而言，情况却有很大不同。改革初期，核心的问题显然不是规制不正当竞争问题，更不是反经济性垄断的问题，而是如何打破集中计划体制和引入竞争的问题。随着竞争机制的引入和市场经济的发展，市场主体不规范、不正当的竞争行为以及行政权力干预竞争的问题会随之出现，竞争政策也需要及时对其做出反应。至于经济性垄断问题，包括滥用市场支配地位、垄断协议以及市场集中等，显然只有当市场经济发展水平达到一定的程度以后，才会成为突出问题，才需要竞争政策予以重点关注。

根据以上的分析，显然，对于像中国这样的处于体制变革过程中的经济体而言，广义的竞争政策概念更为合适。因为对于这样的经济体而言，促进和维护竞争所面临的问题，绝不仅仅是个反经济性垄断问题，而是竞争机制的引入和治理不正当竞争行为问题；竞争政策所面临的任务，也不仅仅是制定和执行反垄断法的问题，而是涉及政府职能转变、市场规则建立及企业制度改革等内容更为广泛的制度变革过程。

（2）关于中国反竞争行为的特点及竞争政策的主要任务。中国反竞争行为的特点是：一方面，打破旧体制下的国有垄断和引入竞争的任务尚未全面完成，在改革发展过程中又出现了一些新形式的行政性垄断；另一方面，在治理不正当竞争行为和规范市场竞争秩序的任务还十分艰巨的情况下，随着经济发展水平的提高和对外开放形势的变化，通过立法规制经济性垄断的问题又被提上了议事日程。这些问题错综复杂，都需要通过竞争政策的进一步完善逐步加以解决。基本判断是，行政性垄断、经济性垄断和不正当竞争三者相比，行政性垄断问题更加严重，对竞争秩序的危害性更大；经济性垄断和不正当竞争二者相比，不正当竞争行为更加普遍，问题更加严重，对竞争秩序的破坏性也更大；从发展趋势看，经济性垄断问题会越来越普遍且越来越严重，对市场竞争的危害也会越来越大。

行政性垄断是指各级政府及其所属机构运用行政权力，实质性地干涉、限制或消除市场竞争的行为。在中国的市场经济改革进程中，不同时期行政性垄断的形式有所不同。从当时的实际来看，行政性垄断主要有三种情况。第一种情况是由于一些产业领域改革不彻底或不到位，原有的国家或国有垄断没有完全被打破，竞争局面尚未真正形成。比如能源、通信、金融等重点或基础产业领域就属于这种情况。第二种情况是一些地方政府利用行政权力搞地方保护。不同时期的地方保护也有不同的形式。第三种情况是政府行业主管部门或行业协会运用行政权力，进行旨在限制竞争的价格限制或产量限制。比如那些年不断出现的由行政主管部门或行业协会出面组织的各种限制降价、打折等现象。应当说，行政性垄断问题是制约中国市场竞争充分、有序和公平的最主要因素，中国市场竞争中出现的许多垄断现象，表面看是个经济性垄断问题，深究起来实际上都与行政权力的干预有关。

不正当竞争行为主要包括：①假冒或仿冒行为；②侵犯商业秘密的行为；③虚假宣传行为；④不正当有奖销售的

行为；⑤诋毁商誉的行为；⑥商业贿赂行为。虽然这些行为都是《中华人民共和国反不正当竞争法》所明令禁止的，但由于中国经济处于体制转轨过程，执法体系还不够完善和有效，企业和个人的守法意识和商业道德也尚未真正建立，加之在制造业领域存在较为严重的生产能力过剩问题，企业生存竞争十分激烈，因此直到目前为止，这些不正当竞争行为在许多制造业领域，特别是其中的中小企业当中还是相当普遍的，严重损害市场竞争的秩序和效率。

在三种典型的经济性垄断行为即限制竞争性协议、滥用市场支配地位和企业合并当中，就中国当时的现状来讲，限制竞争性协议可以说是相对较为普遍和较为严重的经济性垄断行为。原因是：第一，滥用市场支配地位是需要企业首先具有市场支配地位的，由于中国市场经济发展处于相对较低的水平，企业特别是私营企业规模一般较小，加之市场规模巨大，单个企业一般难以形成市场支配地位。第二，中国企业滥用市场支配地位的行为，大多发生在公用事业等国有垄断行业及由于行政权力干预形成的具有垄断性质的其他大型国有企业当中，而这种垄断实际上属于行政性垄断的范畴。第三，由于企业规模一般相对较小，加之国内市场国际化的不断发展，企业合并行为一般也不会对市场的竞争性构成大的威胁。

（3）关于从中国实际出发完善竞争政策的建议。

一是通过深化改革加大治理行政性垄断的力度。把行政性垄断纳入反垄断法加以明确禁止是必要的，有助于这一问题的解决。但要根本解决行政性垄断问题，只能依靠深化改革。要按照建立社会主义市场经济体制的要求，继续扩大竞争的领域和深度，特别是加大对垄断行业改革力度。凡是适合市场机制发挥作用的领域，都要打破垄断，引入竞争。同时，要合理界定政府职能，改革政府管理体制，规范政府行为，从源头上治理行政性垄断问题。

二是注重解析不正当竞争的深层原因，解决根本问题。针对严重危害市场秩序的一些突出问题，比如制假贩假问题、侵害知识产权问题、食品安全问题等，开展一些专项整治行动是必要的，但同时应当重视制度建设，加大治本工作力度。比如社会信用体系建设、企业治理结构建设以及执法体系的完善和协调等。

三是在保证质量的前提下加快反垄断法立法进程。法律的内容和框架既要符合市场经济的一般要求，也要符合中国的经济和体制实际。反垄断法是市场经济的根本大法，应当具有足够的权威性和稳定性。反垄断法规制的重点主要是经济性垄断问题，而中国当前面临的最突出问题是行政性垄断和不正当竞争问题，因此，在加快反垄断法立法进程的同时，不应放松通过其他改革和政策途径改善竞争秩序的努力。

四是加快竞争政策研究和执法人才的培养。对反竞争行为进行调查、取证以及惩罚等都需要很强的专业知识和实践经验，中国过去没有开展过这方面工作，专业人才非常缺乏，因此要加快对这方面人才的培养，以适应未来发展的需要。

3. 提出好的市场经济应具备的主要特征

中国把社会主义市场经济确定为改革目标，但并不是只要实行了市场经济，资源配置就可以自动优化，社会福利就可以自动增加。市场经济也有好坏之分，尤其值得我们注意的是，原来实行计划经济的国家在向市场经济的转轨中，如果搞得不好，很容易陷入不规范、低效的市场经济当中而难以自拔。为了推动形成好的市场经济，2003年，通过研究世界各国的正反经验，我发表了《现代市场经济的五大特征》一文，提出好的市场经济至少包括以下五个特征。

（1）独立的企业制度。独立的市场主体是市场经济的基石，而企业是最主要的市场主体。从规范的市场经济体制来看，独立的企业制度主要包括三层含义：一是企业拥有明确和独立的产权并受到法律的有效保护；二是企业有充分的决策权，能够根据市场信息的变化自主决策；三是企业对自己的决策和行为负民事责任。这三个方面相互联系，相辅相成，缺一不可。

改革以来，伴随着非国有制经济的快速发展和对国有企业的改革，我国的独立企业制度得到一定程度的发育，但与建立完善的市场经济体制的要求相比，还有相当大的差距。一是国有企业改革尚未取得突破性进展，大多数国有企业，特别是大型工业集团、四大专业银行等还不是真正独立的市场主体。二是非公有制企业的发展受到各种来自企业外部或明或暗的干预和制约，企业决策自主权有待进一步落实。三是对产权的侵害事件屡屡发生，保护产权的法律环境有待完善，尊重产权的社会意识也有待形成。四是如何形成有效的使企业对其决策后果负责的机制也是我们面临的一个难题。破产制度是最为有力的市场约束制度，但这项制度在国有经济领域的实施已经大大走样。

（2）有效的市场竞争。竞争是市场经济的基本特征，是推动发展的根本动力。但竞争必须有效，否则也很难取得良好的效果。从规范的市场经济体制来看，竞争的有效性主要包括三个方面的内容：一是竞争必须公平；二是竞争必须相对充分；三是竞争必须有序。竞争的公平性要求法律法规和政府有关政策平等对待不同的市场主体，在市场准入、生产要素获取、享受法律保护和政策支持等方面，为各类企业创造平等竞争的市场环境。保障竞争有效性的另一个条件是消除阻碍企业进入和退出市场的各种行政性和经济性障碍，保证竞争的相对充分。而竞争的有序性首先要求有符合市场经济要求的“游戏规则”，这种规则既包括正式的法律法规，也包括非正式的行业规范、国际惯例等。同时，市场主体必须严格遵守这样的规则。为此，必须严格制止欺诈、造假、低价倾销和价格卡特尔等不正当竞争行为。

从目前我国的市场竞争情况来看，可以说在上述三个方面都还存在较大的问题。比如，国有企业与非国有企业之间、内资企业与外资企业之间、大型企业与中小型企业之间、本地企业与外地企业之间的不平等竞争问题还没有完全消除；在企业设立或进入市场方面，还存在各种烦琐的行政审批和不必要的进入门槛；各种违法违规的不正当竞争行为大量存在，严重影响市场竞争的有序性；各种或明或暗的行政干预或政策障碍所导致的行业垄断和地方保护主义，不仅严重影响市场的统一性和有效性，也是腐败产生的重要根源。

（3）规范的政府职能。第一，政府作用在于增进市场而非替代市场。要通过制定和执行规则来维护市场秩序，保持公平竞争，为市场机制正常发挥作用创造条件。凡是通过市场机制能够很好解决的问题，政府就不必插手，而通过市场机制不能解决的问题，政府则必须负起责任。在需要由政府发挥作用的地方如果政府不能有效发挥作用，同样会损害市场机制的正常作用。第二，民主和透明的政府决策程序。政府职能的正确行使不仅要求政府只做该做的事情，而且要求决策正确，尽量减少失误，而正确的决策又依赖于正确的决策程序。重大决策不仅要经过专业人士的充分论证，而且要充分听取社会各界特别是被规制对象的意见。第三，政府权力要受到法律的有效约束。与其他市场主体相比，政府具有天然的优势，因而必须通过法律对其干预经济的行为进行有效的约束，否则独立企业制度和自由交易就难以得到保证。法律法规必须对政府干预经济的内容、方式、权限等做出符合市场经济要求和尽可能详尽的规定。政府必须在法律规定的范围内行事，其行为也必须处于立法机关和社会舆论的监督之下。第四，有效制止政府官员腐败。腐败不仅会大大增加市场经济的交易成本，而且会构成市场准入的壁垒，损害有效竞争环境的形成，败坏政府的声誉，降低政府有效管理市场经济的能力。因此，能否有效制止腐败现象的蔓延，关乎我国建立完善的社会主义市场经济体制的成败。

（4）良好的社会信用。诚实守信在任何时期对于任何国家、任何民族、任何体制都具有普遍的价值，不诚实守信，不勤勉敬业，任何一种游戏规则都难以正常运转。对于现代市场经济而言，诚实守信尤其重要。这是因为，与传统市场经济的交易方式主要是现货交易，即一手交钱，一手交货不同，现代市场经济的交易方式主要是信用交易，而信用交易的基础是交易双方诚实守信，否则不仅交易的成本会大大上升，而且交易的广度和深度也会受到很大影响。

各国的发展经验还表明，与市场主体的诚实守信相比，政府的诚信更为重要。政府政策的透明度和可预见性，政府严格履行其对社会的承诺，不仅直接影响社会信用的状况，而且能够增强其他市场主体的信心，为良好社会信用的形成起到示范作用。改善我国社会信用状况应当主要从以下三个方面努力：一是增强各类市场主体自我保护的意识和能力。二是尽快建立社会化信用信息服务体系，努力改善信息不对称情况。三是加大失信行为的成本。法律法规要加大对各类失信行为的处罚力度，包括经济处罚、行政处罚和刑事处罚，要使不守规矩的人不仅无便宜可占，而且要吃大亏。

（5）健全的法治基础。市场经济多种多样，只有建立在法治基础上的现代市场经济，才是实现资源有效配置和富民强国的有效途径。这是近现代经济发展历史中的一条重要经验，值得我们认真吸取。

作为现代市场经济基础的法治主要包含三层含义：一是法的内容符合基本的或公认的正义，特别是符合市场经济的内在要求。法治环境的健全并不意味着法律越多越好，更为重要的是法律是好法而不是恶法。如果法律不是对产权和公平竞争进行有效保护，而是过多地限制经济主体的自由，那么这样的法律越多，对市场经济的危害反而会越大。许多国家法治环境不健全，不能为市场机制有效发挥作用创造良好的条件，并不是因为它们没有制定足够多的法律，而是因为其法律不符合市场经济客观规律的要求，甚至是与市场经济的要求背道而驰。二是法是至高无上的，法律面前人人平等。三是法律得到严格执行。近年来我国法治建设的步伐加快，特别是在立法方面取得了较大的进展。但同时必须清醒看到，目前我国的法治状况还远远不能适应发展现代市场经济的要求。法律体系不健全，许多对于市场经济有效运作非常重要的法律至今还没有建立；在已经颁布的法律法规中，也存在诸多过时的、不符合市场经济原则的规定；有法不依、违法不究、执法不严不公等问题严重存在，独立和公正的司法体系也有待完善；提高全社会法律意识和守法观念，更是健全法治环境的基础性工作，需要进一步加强。

以上是当前世界上运行规范且比较有效的市场经济体制所具有的一些共同特征。从各国经济体制的变化历史来看，市场经济体制的形成不仅是一个不断完善和演进的过程，而且在不同国家和不同的经济发展阶段也表现出明显的特殊性。我国要想建立完善的社会主义市场经济体制，不仅需要研究和借鉴规范的市场经济体制所具有的共性的东西，更需要根据我国的实践进行不懈的努力和探索。

叁

从事政策咨询研究的几点心得

过去40多年我所从事的研究工作，主要是政策咨询研究，而非学术研究或者理论研究。虽说要做好政策咨询研究也离不开扎实的学术和理论功底，但二者还是有很大的不同。

第一，在研究选题上，政策研究主要不是根据自己的研究兴趣或专业特长选择题目，而是要看经济实践、领导决策或工作岗位职责需要研究什么问题。当然，在完成这些“规定动作”任务的基础上，也可以根据自己的兴趣或特长做一些“自选动作”的研究。比较理想的情况是能够使得二者很好结合，相辅相成。在我早期的研究工作中，我的主要研究职责是宏观经济形势分析，而我的专业兴趣则在于中长期发展和体制改革研究，这二者就能够很好结合，相互支持。

第二，在研究目标和努力方向上，政策研究所追求的主要是把经济实际情况了解清楚，找准问题并分析透彻，提出具有针对性、可行性和有效性的对策建议，至于是否在学术

➲ 2014年到国务院发展研究中心定点扶贫县河北省大名县开展调研扶贫工作

或理论上有新突破，是否提出了新概念或新模型等，还在其次。当然，能够同时具有理论创新性和实践可行性则是最好不过的。

第三，政策咨询报告一般更多体现为内部报告。大部分报告可能并不适合公开发表，或者即使能够发表，一般也会由于保密要求，需要滞后一个时期发表，或者需要做一些技术处理后发表。

第四，由于政策研究直接为领导决策服务，因此与学术研究相比具有更大的决策影响力。尤其是像国务院发展研究中心这样的直属于国务院的政策咨询研究机构，重要的研究成果可以直送党中央、国务院领导同志以及各部门、各省市主要负责同志。在这种情况下，只要你的意见建议有价值，是很容易对决策产生影响的。

当然，要真正做好政策研究也绝非易事。其中比较重要的可能有以下几点：

第一，要从内心热爱这个事业。政策咨询研究对研究人员的素质要求比较高，研究人员既要有较高的理论素养，也要有较高的政治素质。研究工作比较辛苦，但工资福利待遇又不高。这样的人才要在一些商业性研究机构找一份收入待遇较高的工作，并不是很难。因此，如果没有对政策研究工作的热爱和执着，如果没有一种为促进国家现代化贡献才智的情怀与抱负，是很难真正耐住寂寞、踏实工作的。1997年在进行“国有经济战略性改革”课题研究时，吴敬琏先生鼓励大家时说的一句话，一直激励着我。他说，虽然研究工作很辛苦，但每当看到自己的意见被采纳且真正发挥对经济社会发展的推动作用时，内心的感觉还是很美好的。

第二，要研究问题，不要为写文章而写文章。最近看到中财办原副主任杨伟民先生在清华大学所做的关于如何写文稿的演讲中讲到“要研究，不要写文章”，我深有同感。政策研究的关键是解决问题，因此，写好政策咨询研究报告的关键，是把问题搞清楚。只要把情况搞清楚了，把问题研究透了，并形成了好的对策建议，那么好报告就自然有了。而如果没有把问题研究清楚，要想把文章写好，那是不可能的，最后肯定是“以其昏昏使人昭昭”。这一点对于刚从院校毕业的学子而言尤为重要。

第三，要学会调查研究。调查研究是做好政策研究的关键和不二法门。理论是灰色的，而实践之树常青。政策研究是为实践服务的，只有深入实践进行调研，才能掌握实践进展，发现真实问题，找到解决办法，做出的学问才是真学问。深入调研的重要性不难理解，但要真正做好调研并不容易。对于像我们这样的体制内的政策研究机构的研究工作者来说，现在的调研主要有两大难：一是调研时间难以保障。中央一直强调反对形式主义、反对文山会海，但这个问题并没有真正解决，文山会海占用了大量的本可以用于实地调查研究的时间。二是了解真实情况难，调研“被安排”的问题还比较普遍。针对这种情况，据我的经验，首先，在开展调研工作之前一定要提出一个明确的需要通过调研了解清楚的问题清单。其次，要多方了解，相互印证、兼听则明。既要向政府有关部门了解政策制定和监管方的意见，又要向企业等了解政策接收方和被监管方的意见。在邀请参加座谈会人员时也要有所讲究，尤其不要把监管者与被监管者放在一起，不然后者是很难充分发表意见的。再次，要注意捕捉各种渠道的信息。既要重视召开正式会议时提供的情况，也要注意各种非正式场合反映的情况。最后，要注意观察相关指标之间的协调性问题。比如如果用电量、货运周转量这些指标没有明显增长，那么工业的较大幅度增长也基本上是不可信的。

深入调研不仅要了解情况，也要向实践学习，倾听实践的声音，了解群众的愿望和诉求，发现实践的智慧。很多让我们感到十分棘手的问题，基层和群众都有十分智慧的解决办法，比如农村集体产权制度改革中如何界定集体成员身份的问题等。再就是对来自调研的实践经验要总结概括，提炼升华。基层群众的经验，有时看起来十分朴素，但如果实践中行之有效，就一定蕴含着深刻的科学道理，只有提炼升华，才能明白其中的一般原理，才能用于指导政策制定。另外，基层经验有时也会夹杂一些具体的或枝节性的东西，也需要去粗取精，去伪存真，加以提炼升华。

第四，要学会写政策研究报告。写文章有四种境界：深入浅出、深入深出、浅入浅出、浅入深出。深入浅出是最好的，就是研究很深入，而语言很平白易懂；最不好的是浅入深出，就是研究不深入，问题没搞清，而语言文字又晦涩难懂。写政策研究报告要争取做到第一种境界，避免第四种情况。要尽量把复杂的问题用简单的文字表达出来，而不是相反。在过去多年中，我接触过不少刚毕业的学生，他们由于受学生时期写学位论文风格要求的影响，总是不自觉地把简单的问题复杂化，这是应当力求避免的。

第五，写文章要养成严谨认真的习惯。我曾经参加一个博士生的论文答辩，发现他的论文的第一页摘要部分，就有好几个错别字。还有的论文有格式不统一，或者其中同一段文字中字体不一致等问题。这些虽然都是小毛病，但给人的感觉很不好，会让人觉得作者思想不重视、态度不认真。严谨认真不仅是写好政策研究报告的基本要求，也是写好学术论文的基本要求。年轻同志应该养成严谨认真、一丝不苟的写作习惯，这将终身受益。

第六，与做学术研究一样，做政策研究也要持之以恒、勤奋好学。反思自己几十年的工作和治学历程，我感到，如果说我性格上有什么优点的话，有两点可能是比较重要的。一是我做事情比较有恒心，比较喜欢在一件事情上长期坚持，喜欢做事有始有终，有头有尾。其实，对于做研究、做学问来说，人的能力大小差距并不是很大，只要能在一两个领域长期坚持，不断深耕，就一定会成为该领域的专家。二是比较虚心好学，比较善于发现和吸取别人的长处，见贤思齐。在我内心深处一直觉得自己才疏学浅，总觉得自己脑子不灵活。但幸运的是，在我的研究生涯中，从西大，到华工，再到国务院发展研究中心，有诸多的良师益友，我不仅从他们身上学到了许多优秀品质和专业知识，也得到了他们的帮助和提携。之所以能够如此，我想，除了自己运气好之外，与我内心始终存在的谦卑心态可能也不无关系。

肆

代表性论文

第一篇

关于国有企业改革的几点思考①

国有企业改革长期以来未能取得突破性进展，不仅使国有企业与其他类型企业相比发展活力明显不足，亏损严重，也使几十年辛苦积累起来的国有资产一天天流失，并对社会的安定团结产生了不利影响。党的十四届三中全会把建立现代企业制度确定为今后国有大中型企业的改革目标，这无疑是我国企业改革认识方面的一大进步。但从目前的改革实践和理论探讨情况来看，不仅在国有企业本身的体制改革方面，而且在国有企业与整体经济发展的关系方面，都还有不少问题没有解决，因此有必要做进一步探讨。

一　公司制是现代企业制度的主要组织形式

关于现代企业制度的组织形式，目前主要有窄派和宽派两种意见。窄派认为，作为国有大中型企业的改革目标，现代企业制度主要是指法人企业制度或称公司制度，包括有限责任公司和股份有限公司，其中有限责任公司又分普通意义

① 原载于《经济研究》1994年第10期，部分有改动。

的有限责任公司和国有独资有限责任公司。而宽派则认为，现代企业制度并非特指某种或某几种企业组织形式，而是指企业制度的总体属性，指适合发展社会主义市场经济的一系列企业组织制度，不仅包括有限责任公司和股份有限公司，也包括个体企业、合伙制企业、股份合作制企业及其他企业组织形式。笔者倾向于窄派观点。原因有二：①现代企业制度是针对国有大中型企业的改革提出来的，而对于国有大中型企业来说，改革最主要和最恰当的目标，只能是有限责任公司和股份有限公司。②从历史的角度看，公司制是企业组织形式演变的较高级阶段，是现代市场经济中最为重要的企业组织形式。

对国有大中型企业进行公司化改造的重要意义在于：①明确界定国有企业的产权关系，并在此基础上确立企业的法人地位和出资者（国家）的有限责任。②初步形成出资者（国家）与董事之间的财产委托代理关系。③初步形成企业内部的法人治理结构。应当说，用公司制来改造现有的国有企业，不仅与承包制相比是一个很大的进步，而且也符合市场经济的一般规律，大方向无疑是正确的。但是，大方向的正确并不一定就能确保改造成公司制的国有企业就具有较高的效率，这里的核心问题是在公司制改造过程中如何形成有效的国有资产经营方式以及如何解决国有资产代理人对国有资产真正负责的问题。

二　通过股权的分散化实现国有企业经营机制的根本转变

对于国有企业中国有资产在公司制改造之后的经营方式，目前的主要思路是通过设立国有资产管理部门或国有投资公司，代表国家行使所有者职能，从而实现政企分离。但问题的关键是，在国有资产管理或经营部门单独拥有对企业的所有权，并排除了政府其他部门对企业的行政干预之后，如何能够保证这类管理机构不对企业做更为糟糕的干预呢？如何保证这些管理机构的人员真正代表国家对企业的经营活动负责呢？不解决好国有资产管理或经营投资部门的人员真正关心国有资产的保值增值问题，就很难保证由这些机构派出的董事会真正关心国有资产的保值增值，从而很难保证能够选择出真正关心国有资产保值增值的企业经理人员。不仅独资公司有这样的问题，即使有其他成分股份进入，在国有股份占大头的情况下，也有同样的问题。也就是说，不仅国有独资公司存在这个问题，对普通的有限责任公司和股份有限公司来说，同样存在如何保证国有资产代表人真正关心国有资产经营状况的问题。可以说，能否解决这个问题在很大程度上是国有企业改革能否取得成功的关键，解决不好，就很难取得实质性进展。

为了解决这个问题，有些同志提出应当在国有资产管理或经营机构的设置和人员的选择上做文章，通过一定的规则程序或制度安排，形成国有资产经营机构之间、国有资产代理人之间一定的竞争关系，以及机构、人员与国有资产经营业绩之间一定的利益关系[①]。应当说，这种办法对于解决国有资产代理人对国有资产负责的问题，具有一定的积极作用，实践上也是可行的。从建立社会主义市场经济体制这一长远目标的要求来看，我个人认为，实现国有企业经营机制根本转变最彻底和最有效的办法，是实现国有企业股权的分散化和民营化。这包括：①国有资产实行各级政府分级所有，分级管理，分级受益，而不是现在的国家一级（国务院）所有，分级管理，让每一级政府都成为不同的利益主体[②]。②股权分散。将国有企业资产清产核资后，对股权进行初步划分，即一部分交由养老基金会掌握，以补偿养老金积累不足；还不了的贷款，在严格审查和从严掌握的前提下，属于拨改贷的改为国有股权，由国有投资机构掌握；属于金融机构商业性贷款的部分，在协商的基础上改为金融机构的股权；其余股权交由国有资产管理局掌握。③国有股部分通过法人股市场，在公共法人之间进行流通，实现国有资产的初步流动。④国有股在证券交易所上市，向非国有法人和个人公开出售。当然，国有股大规模上市的条件目前尚不成熟，因为就我国证券交易市场和社会承受能力而言，还不具备这样的条件。

由此可见，公司化改造只是转变企业经营机制的第一

① 施佑生：《现代企业制度的特征与实现方式》，《经济研究》1994年第3期。

② 丁宁宁：《国有企业改革备忘录——从对“法人财产权”的不同理解谈起》，《上海改革》1994年第12期。

步，但又是必须经过的一步，通过这一步，会为国有企业的真正改制创造条件。

三 关于企业的法人地位及经营自主权问题

本来，在公司制情况下，不论根据哪一种法系，确定所有者（出资者）、董事、经理、职员各自权责利及相互制衡关系的原则和做法都是大体一致和比较明确的。然而，在我国目前的各种讨论中，这个问题却似乎变得越来越复杂。

关于所有者（出资者）与经营者（企业）的权责利划分问题，目前比较普遍的说法是，出资者按照投入企业的资本额享有所有者的权益，即资本受益、重大决策和选择管理者。企业以其全部法人财产，依法自主经营，自负盈亏，对出资者承担资产保值增值的责任。显然，在这里，“企业”的概念是不包括出资者的。但是，仔细思考后我们会发现，当把出资者排除在外之后，得不出企业能够自负盈亏的结论；如果硬要让它自负盈亏，只能是只负盈不负亏。另外，与此相类似，当把所有者排除在外谈企业的自主经营时，也需要做适当限定，因为在公司制度下，出资者虽然通常不参与日常经营，但却从来不放弃对企业重大决策的发言权，而且，这种对企业的控制作用会随着股权的集中而加大。

需要强调指出的是，我们这里提出这个问题，并不是要咬文嚼字，而是因为这些提法对企业改革的讨论和实践产生了实际的影响。在有关法人财产权的各种讨论甚至有关公司制改造的权威人士的谈话中，我们不难发现主张企业法人财产权应当包括收益权的观点，或者，更明确地讲，主张企业（排除了出资者）应当拥有对净利润的分享权的观点[①]。

其实，也只有在企业投资主体为国家，企业财产关系不清，国家利益无人真正关心的情况下，才会提出这样的问题。试想，如果在法律上明文规定企业对其净利润拥有哪怕是部分的分享权，那么，在投资主体为自然人或其他对其所投资本收益真正负责的法人的情况下，还有哪个投资者愿意去投资呢？在规范的公司制度下，这个关系十分简单明确，那就是，从原则上讲，对净利润的享有权只能归属于出资者，归属于全体股东，而企业的经营者，包括董事、经理及职员等，除非他们本身同时又是出资者，否则都只能得到相应的工薪报酬。

主张法人财产权应该包括收益权的人认为，如果只给企业经营权，而不给分享利润的权利，那么企业经营者就会缺乏经营的积极性。这种论点实际上是对公司制度的误解。在公司制度下不是靠赋予经营者对净利润的分享权来保证经营者的积极性的，而是通过股东大会、董事会、经理会及监事会等一整套法人治理结构的相互制衡关系来实现的。当然，这并不排除或者说并不妨碍出资者在一定时期或一定情况下，自愿拿出净利润的一定份额作为对经营者的奖励，但这与在法律上明确赋予企业（经营者）对净利润的索取权，是两种完全不同的事情。

主张法人财产权应包括收益权的另一种意见，是认为

① 关于这种观点的较有代表性的论述，参见陈颖源：《企业改革·法人·财产所有权》，《经济研究》1994年第3期。

前一阶段股份制改造中形成的所谓企业股应得到的那部分股息收入应归企业享有（这种意见把企业股等同于法人股，把法人股等同于法人财产，把企业股的收益等同于法人财产收益，并因此认为企业所拥有的法人财产权应当包括收益权）。我们暂且不论这种推论的错误之处，这里只想指出两点：一是企业股的不规范和弊端已被广泛认识，在今后的改革中不仅不能固化它，而且必须逐步消除。二是从有利于推进改革的比较现实的角度出发，企业从所谓"企业股"中得到的那部分利益应予适当照顾。

我个人认为，在企业改制过程中，应参照财税体制改革那样的原则，利益上可以适当让，但机制上一定要规范，不能马虎。根据这一原则，从现实的角度和长远的利益出发，解决企业股的办法只能是在严格审查，弄清真正属于"企业股"的那部分资产数量的基础上，把它一次或逐步以奖励的方式分配给职工。当然，分配过程涉及一些具体的技术性问题，比如现职职工与退休职工之间如何分配的问题等，但只要认真研究，总会有比较妥当的解决办法，重要的是应向这个方向努力。而一旦公司化，今后再也不能出现任何集体性的应该划为"企业股"的部分。

四　关于国有企业的行业覆盖范围问题

这个问题对于制定企业改革的长期目标非常重要，但长期以来并没有得到应有的重视。在市场经济条件下，从效率优先，兼顾公平的原则出发，国有企业、国有资产到底应该扮演什么角色，发挥什么作用？换句话说，国有企业的行业覆盖面应不应该界定，如何界定？只有把这个问题搞清楚，才能把对国有企业行业覆盖面的调整与对国有企业组织结构和经营机制的改革有效结合起来，才能制定出符合长远目标的企业改革战略，从而使企业改革取得实质性进展。

根据世界各国特别是各发达国家的发展经验，在市场经济条件下，从有利于提高经济整体发展效率的角度来看，国有资本、国有企业与民间资本、民间企业的最有效分工应该是，一般来说，竞争性比较充分的行业应尽量交由民间资本承担，而国有资本应该限定在那些民间资本不愿进入，或很难进入，或即使能够进入但效果也不太好的领域，包括社会公益性强而企业经营效益较差的行业，垄断性较强的行业，不宜由民间资本经营的行业（如造币、军工等），资本密集性程度高而进入难度较大的行业，以及诸如道路、桥梁等基础设施建设等。

当然，如何根据我国实际情况和建立社会主义市场经济体制的要求，对我国国有企业的行业覆盖面做出符合实际的界定，没有现成的模式，需要做大量细致的工作。但重要的是，我们必须在思想认识上明确进行这种界定的必要性和重要性，并结合国有企业组织体制的改革，根据发展社会主义市场经济的要求，对国有企业的行业覆盖面逐步做出符合长远目标的调整。

从我国经济结构和国有资产的分布现状来看，目前我国国有资产的60%以上分布在工业、建筑业等竞争性较强的行业，而分布在运输邮电和基础设施上的资本不到20%，而且，我国的基础设施建设长期滞后于整体经济发展的需要。因此，从发展市场经济长远目标来看，今后国有企业行业覆盖面调整的主要方向，应该是通过市场交易，使国有资本逐步从竞争性行业退出，并将收回的资金转投到本应由政府出资兴建而长期以来又发展不足的领域。

也许有人会提出这样的问题：国有企业如果经营不善，长期亏损，那么通过在市场上公开出卖使其从竞争性行业退出，并将回收到的资金改投到其他应由政府投资的领域，这当然是可以的；但是，市场经济是平等竞争的经济，如果国有企业经营状况良好，具有竞争能力，为什么要强求它们从竞争性行业退出？为什么国有企业就不应在竞争性行业大显身手呢？首先，对国有企业行业覆盖面的界定问题，是从建立社会主义市场经济体制的要求，从有利于整体资源配置效率最优，从有利于国家整体生产力发展的角度提出的，并不仅仅是为亏损企业寻找一条出路。其次，我们论述的是国有企业的方向性长远性目标，这个目标的实现是一个逐步的过程，要求大多数国有企业在现阶段就从竞争性行业退出显然是不现实的，重要的是明确这样的方向，并将短期措施与长远目标很好地结合起来。最后，从发展与改革相结合的角度考虑，实现经济发展第二步战略目标的两项重要任务，一是大力发展基础设施和基础产业，优化经济结构，二是围绕企业制度的改革与创新，建立高效率的市场经济体制。而对国有企业、国有资产行业结构的调整，正好可以将这两方面任务很好地结合起来。通过国有资产从竞争性行业的退出，实现民营化，不仅可以从根本上改善这些企业的经营机制，而且，通过把收回的资金转投向基础设施建设领域，又可以为经济结构的调整提供必要的资金支持。应该清醒看到，这是我们改善我国基础设施状况，促进经济再上新台阶极为有利和极为宝贵的条件。这个条件必须加以有效保护和及时利用，否则，随着国有资产或明或暗的流失，等到大部分国有企业都资不抵债，变成空壳时，再想利用就来不及了。

第二篇

深化国资国企改革面临的六个重要问题[①]

现阶段深化国资国企改革，关键是要解决好以下六个重要问题：一是要通过完善顶层的国有资本管理体制，强化国家所有权政策的制定与实施，促进国有资本更好地服务于国家战略目标；二是要通过构建有效的国有资本投资运营平台，实现从管资产向管资本的转变；三是通过优化股权结构，进一步完善现代企业制度；四是通过深化国资国企的用人管理制度改革，构建与市场经济相兼容的激励制度；五是通过进一步解决国有企业的历史包袱问题，为企业发展混合

① 原载于《中国经济时报》2015年2月4日第5版，题目有改动。

所有制经济、公平参与市场竞争、与市场经济更好融合创造基本条件；六是各地方因地制宜开展国资国企改革。

一 关于进一步完善国有资本管理体制

大家知道，现行的国有资产监督管理体制是在2003年形成的。客观地讲，这个体制的建立对于解决过去长期存在的国有资产多头管理而又无人负责的问题起到了积极的作用。但它存在两个突出问题：一是没有形成与国有资本功能定位相适应的国有资本布局优化调整的体制机制。国有资本是全民财富，理应服务于全民利益和国家战略目标。但过去的体制却缺乏这方面的机制设计，从而在一定程度上导致国有资本管理上简单强调做大做强，自我循环，而服务于国家战略目标则相对不足。二是对企业实行行政化的管理模式，且管人管事管资产相结合，导致企业活力不足，难以适应国内外市场形势快速变化对企业快速决策的需求。比如，根据国务院发展研究中心企业研究所的一项研究，截至2012年，国资委共颁布各类规章文件287件，通过对其中255件进行梳理和归纳，发现这些规章文件与履行股东职责相关的仅占31%，而其余的近70%，都是与落实政府公共政策、党群工作或企业内部事项相关的。

要想解决以上两个问题，有一个可供考虑的思路，就是加强国资政策制定的客观独立性。比如，可以考虑设立一个由国务院领导挂帅的、由国务院相关职能部门负责人以及相关领域的专家学者参加的委员会，负责制定国家出资政策，包括国有资本布局调整和国有资本收益分配等，而国资委则负责政策的具体执行。这样做的好处：一是有利于从国民经济全局的、更加宏观的角度考虑国有资产的功能定位、布局调整、投资方向和收益分配；二是有利于增强国有资本政策的权威性，从而有利于切实得到贯彻落实；三是有利于破除部门自我改革的困境，帮助国资部门剥离不合理的管理职能，推动国资管理部门改革监管方式。比如，以前国资委承担的公共管理职能、党群工作职能、企业内部具体事项审批职能等，都需要逐步加以清理和剥离。

二　关于构建国有资本投资运营平台

国有资本能否有效服务于国家战略目标，既取决于其投向的领域是否正确，也取决于其投入的方式是否恰当。关于今后国有资本需要重点投向的领域，中共十八届三中全会的《中共中央关于全面深化改革若干重大问题的决定》已经说得很明确，那就是提供公共服务、发展重要前瞻性战略性产业、保护生态环境、支持科技进步、保障国家安全等五大领域。那么，接下来的问题就是，国有资本应当以何种方式来重点投向这五大领域呢？

过去，国有资本发挥作用的方式，主要是投资兴办企业，并直接经营管理。这种方式在发展的初期可能是必要的，但随着我国市场经济的不断发展，其弊端和局限性越来越显示出来。今后，除极少数涉及国防安全等特殊领域需要国有资本以直接投资设厂、直接经营管理的方式发挥作用以外，绝大多数领域，包括完全竞争领域和带有部分公益性、政策性功能的领域，都用不着国家直接投资设厂，而是通过资本投入运作，就可以更好地实现国有资本的功能作用。比如，如果需要国有资本加大对生态环境保护的支持，既可以以政府资助研发的方式进行鼓励性、引导性投入，也可以以购买私人企业服务的方式给予支持。如果是社会保障资金，需要保值增值，那就更不用政府投资设厂，而是看哪个领域效益高、发展前景好，就可以直接对这些领域的企业进行投资参股。

然而，现实当中，国有资本并非以现金形式存在，并非想投哪儿就能马上投到哪儿，而是以各种类型的企业的资产或股权的形式存在，其中，少部分是所谓的关系国民经济命脉的重要行业和关键领域的企业，而大部分是完全处于竞争领域的企业。在这种情况下，要实现从管资产向管资本的转变，促进国有资本布局的动态优化和调整，就需要搭建国有资本投资和运营的平台，即国有资本投资公司和国有资本运营公司（简称“两类公司”）。

关于如何设立国有资本投资运营公司，以及设立之后如何运营，目前都存在较大分歧。比较好的做法，还是通过试点找出适合当前管理体制和市场环境的合理模式。试点当中应重点关注三个问题：一是投资运营公司对实业企业的持股方式。分散持股有利于防范对实业企业的行政干预，但增加了实业企业出现内部人控制的风险；集中持股有利于落实实业企业的出资人责任和发挥投资运营公司的专业化优势，但增加了不当干预的风险。二是投资运营公司的治理机制。投资运营公司应该成为市场化的资本运营主体，既要防止政府干预过多导致企业失去活力，又要防止出资人职责不落实出现内部人控制的风险。三是资产重组与企业改革。应当结合投资运营公司的设立，在取消壳公司、处理存续资产、管理关联交易等方面探索和积累经验。

三 关于股权多元化与完善现代企业制度

从多年来国有企业改革与发展的实践来看，国有企业难以建立真正有效的现代企业制度，其最重要的一个根源，就是一股独大的股权结构。大量的经验证明，即使不能实现国有资本与其他社会资本的混合所有制的多元化持股，只要能够实现多元国有股东持股，也能在很大程度上对改善公司治理发挥积极作用。因此，下一步改革，应当把推动股权的多元化作为完善现代企业制度的一项重要举措。

推进国有企业股权多元化改革，重点是要推进集团母公司的改革。目前，中央和地方层面还有不少集团母公司仍未完成公司制改革，例如国务院国资委管理的112家中央企业中就有75家仍然是全民所有制企业，尽快完成集团母公司的公司制改革应成为国有企业产权制度改革的首要任务。改革可根据实际情况采取多种方式，比如，有些具备条件的集团母公司可以直接改组为国有资本投资运营公司，有些集团母公司可以改造成为股权多元化公司特别是上市公司，有些

"壳公司"性质的集团母公司可以注销，等等。

在积极调整和优化国有企业股权结构的基础上，要根据国有资本不同的功能定位，逐步调整企业的国有股权比例。对需要国有资本发挥政策性功能的领域，如关系国家安全、国民经济命脉、重大民生、战略性产业的重要行业和关键领域，国有资本可以保持独资、绝对控股、相对控股或其他控制形式；其他领域，主要是竞争性领域的国有企业，要积极引入社会投资机构，根据市场竞争和发展情况，实行国有股权不同的持股比例，并按照市场规则有序进退、合理流动，提升国有资本的配置效率。

四 关于推进国资国企用人管理制度改革

对高层管理者的任命、考核、激励制度是全部管理制度的核心。按照改革后的国资管理体制，两类公司之下，基本上是按照《中华人民共和国公司法》运行，实行完全的市场化的用人管理制度。对于国有资本投资运营公司以及个别的特殊类公司，可能比较合理的方式是实行双轨制的选人用人和管理机制。

所谓双轨制，就是对国有资本投资运营公司的董事、监事，以及少数政府直接管理的特殊国有企业的领导人，由履行出资人职能的机构选聘与任命；而对两类公司的经理层，以及其他层级的管理者，实行市场化选聘与管理机制，即董事会选聘总经理，总经理提名其他高管并由董事会批准。

与双轨制的选人用人制度相适应，应当按照“选用方式与身份、待遇相适应”的原则，实行双轨制的薪酬与激励约束机制。通过政府任命方式产生的两类公司和少数政府直管企业的董事、董事长应当按照公务员管理，保有公务员身份，确定一定的行政级别，参照相应职级的公务员制定薪酬和福利标准，并根据岗位技能要求和工作难度给予一定的岗位补贴，同时要严格规定职务待遇、职务消费和业务消费，保障消费公开透明。而通过市场方式选聘的职业董事和职业经理人身份的国资控股参股企业负责人则实行市场化管理，由董事会参照市场水平确定薪酬方案和待遇体系。

五 关于解决国有企业历史遗留问题

经过多年的改革和发展，大部分经过改制的国有企业的历史遗留问题基本上都已经得到解决。但调查发现，当前，在部分未充分改制的国有企业当中，历史遗留问题仍然比较严重。在少数已完成改制甚至已上市的国有企业中，也同样存在着历史遗留问题“尾大不掉”甚至卷土重来的问题。这主要包括三个方面：一是很多国有企业仍承担着离退休人员的社会管理职责及社会统筹外的费用，承担着职工住宅供水供电供热（气）和物业服务等“三供一业”的设施维护改造等费用；二是部分国有企业仍存在企业办社会的问题，医疗、教育、消防、市政、社区等未能完全移交给地方；三是很多老国企冗员问题严重，尤其是资源矿产类国有企业，随着近几年企业经济效益下滑，人员富余已成为这些企业生存和发展的重大障碍。

这些历史遗留问题不解决，企业就不可能真正建立起与社会主义市场经济相适应的现代企业制度，在发展混合所有制、公平参与市场竞争中也会面临很大困难。在新一轮改革当中，要认真清理历史遗留问题的类型、数量和严重程度，并根据不同的历史遗留问题探索多种解决途径。一是政府要切实转变职能，加大财政投入，将国有企业离退休人员、失业人员、企业医疗教育机构等的社会化管理作为政府提供的公共服务，解决企业和就业者的后顾之忧。二是要结合企业所在地区劳动用工市场化程度和社区管理的社会化程度，采取剥离改制、转移就业或划转存续公司托管等多种方式解决富余职工和离退休人员问题。三是要总结过去各地、各企业在处理不良资产问题上的实践经验，做好顶层设计，制定预案，建立机制，切实防范局部问题演变为系统性风险。

六　关于各地方因地制宜开展国资国企改革

中央和地方国有资产在结构、质量、功能上有很大差异，地方之间的差异也不小。过去十年，各个地方在国资管理体制和国企改革方面都开展了有益的探索，形成了不同的地方特色。下一步推进地方国资国企改革也不宜搞“一刀切”的改革模式，当然，地方也不能坐等中央国资管理体制改革方案。地方国资国企改革应坚持以下几项原则：一是坚

2017年在四川调研农村康养产业项目

持国有资本更好服务地方经济社会发展；二是坚持以管资本为主提升企业活力；三是坚持多种所有制资本公平竞争、共同发展。建议在坚持这些原则的前提下，鼓励地方因地制宜探索国资管理新模式，尽早释放改革红利。

另外，当前情况下各地要高度重视投融资平台改革。在不少地方，投融资平台占地方国资的比重较高，财务风险积累较多。2014年10月，国务院出台《国务院关于加强地方政府性债务管理的意见》（43号文），要求地方政府不得再通过平台进行举债，这是地方投融资平台面临的一个新情况。地方融资平台借新还旧的成本增加，企业风险凸现。要坚决防范地方债务风险集中爆发，必须尽快探索地方投融资平台改革路径。一种比较现实的改革方向，是将地方投融资平台改造为普通企业，通过重塑政企关系，实现政企分离和政资分离，将平台企业从政府的附属机构转变为独立市场主体。

第三篇

马克思“两个决不会”思想与现阶段我国的所有制改革[1]

在认真总结了1848年欧洲革命的经验和教训之后，马克思纠正了以前对资本主义行将灭亡和社会主义行将胜利的过于乐观的估计，并在1859年的《〈政治经济学批判〉序言》中明确提出了“两个决不会”的思想：“无论哪一个社会形态，在它所能容纳的全部生产力发挥出来以前，是决不会灭亡的；而新的更高的生产关系，在它的物质存在条件在旧社会的胎胞里成熟以前，是决不会出现的”[2]。认真学习和深刻领会这一重要思想，对于深化现阶段我国的所有制改革，具有很好的指导意义。

一 “两个决不会”思想是对“两个必然”思想的发展和补充

在《共产党宣言》中，马克思和恩格斯通过对人类社会

① 原载于《理论前沿》2005年第20期，部分有改动。

② 马克思：《〈政治经济学批判〉序言》（1859年1月），载中共中央党校教务部编《马列著作选编》，中共中央党校出版社，2002，第95页。

发展规律、资本主义生产方式发生发展的历史过程及其基本矛盾的分析，得出了“两个必然”的结论，即资本主义必然灭亡，社会主义必然胜利。同时，他们又根据当时资本主义生产力发展状况和资本主义基本矛盾激化情况，尤其是资本主义经济危机周期性爆发的现象，认为当时的生产力发展已经到了资本主义生产关系不能容纳的地步，无产阶级革命很快就会在欧洲各国发生。但后来的情况表明，马克思和恩格斯的这一判断是不符合实际的。

现在看来，19世纪40年代，资本主义实际上正处于向上发展的初期阶段。在这个时期，虽然资本主义生产方式与生产力的发展产生了十分尖锐的矛盾，但许多是资本主义生产方式发展初期的特殊现象，并非在资本主义的架构内不可协调解决，更不能说明资本主义已经到了灭亡的边缘。通过适当的政策调整，资本主义生产方式不仅能够继续容纳生产力的发展，而且能够继续促进生产力的发展。正是看到了资本主义生产方式调整的余地及促进生产力不断发展的实际，马克思和恩格斯开始纠正以前的过于乐观的估计。他们指出：“在这种普遍繁荣的情况下，即在资产阶级社会正以在资产阶级关系范围内一般可能的速度蓬勃发展的时候，还谈不上什么真正的革命。”[①]此后，马克思又进一步将其总结为“两个决不会”的思想。“两个决不会”是对资本主义灭亡和社会主义胜利过程认识上的又一个重要论断，是对“两个必然”思想的发展和补充，并与“两个必然”思想一起，构

① 马克思、恩格斯：《国际述评》（1850年11月1日），载赵曜等编《马克思列宁主义基本问题》，中共中央党校出版社，2001，第149页。

成了科学社会主义的核心理论。

二 “两个决不会”与经济落后国家的社会主义运动

按照“两个必然”和“两个决不会”的思想，资本主义生产关系的革命和社会主义制度的胜利，将首先发生在欧洲资本主义发达国家，但后来的实践演进却与马克思所预言的情况恰恰相反。一方面，经济发达国家资本主义制度的丧钟不仅没有敲响，反而出现了长期的经济繁荣。另一方面，在一些经济社会发展程度相对落后的国家，却通过暴力革命实现了生产关系的变革，并普遍建立了高度集中的计划经济体制。不仅如此，更加令人深思的是，一方面，发达资本主义国家通过经常不断的政策调整，不仅促进了生产力的发展和人民生活水平的提高，也大大缓和了经济矛盾和社会矛盾，至今也看不出将要发生社会主义革命的迹象。而另一方面，20世纪90年代以后，以苏东剧变为标志，国际社会主义运动却遭受了严重的失败。那么应当如何正确认识这些看似十分矛盾的现象呢？对此可以从两个方面分析。从发达资本主义国家方面的情况看，马克思和恩格斯从对人类历史发展规律和资本主义基本矛盾分析出发所做出的“两个必然”的结论无疑是十分正确的，但对资本主义什么时候灭亡、社会主义什么时候胜利以及通过什么方式（暴力革命还是和平演进）取得胜利的分析却带有很大的历史局限性，其结论也不符合实际。其理论缺陷在于没有充分认识资本主义发展初期基本矛盾的特殊性，而是将其一般化、普遍化，因而对资本主义生产方式通过政策调整缓和矛盾和促进生产力发展的余地估计过于悲观。发达资本主义国家发展的历程和现实，从实践方面充分验证了“两个决不会”中的第一个“决不会”（“无论哪一个社会形态，在它所能容纳的全部生产力发挥出来以前，是决不会灭亡的”）的正确性。从落后国家社会主义运动的兴衰来看，第一，显然，这些国家所发生的社会主义革命既不是因为资本主义生产力已经高度发达到资本主义生产方式所不能容纳，也不是因为新社会的细胞在旧社会的胎胞里已经充分发育到成熟，而是由于各国面临的其他国内国际政治、经济、社会、民族、历史等多种因素（“多种因素论”）。这说明，这些国家的革命，虽然叫作社会主义革命，但就其动因和要解决的问题而言，并不是马克思所说的典型意义的社会主义革命。第二，尽管不是典型意义的社会主义革命，但在一定的政治经济环境下（“薄弱环节论”），通过暴力手段也可以强制实现生产关系的变革，即在生产力十分落后的基础上，强制推行马克思和恩格斯依据资本主义生产力高度发达情况下解放和发展生产力要求所提出的新型生产关系。第三，强制进行生产关系变革的结果，使得生产关系与生产力水平严重脱节，加之不能根据生产力发展实际要求进行及时调整，使得这种变革不仅对生产力的发展没有起到推动作用，反而制约了生产力的发展，受到了经济规律的惩罚，并最终导致社会主义运动的失败和生产关系的回归。因此，国际社会主义运动从兴起到失败的实践历程，不仅与“两个决不会”的思想不相矛盾，恰恰从反面说明了这一思想的正确性。

三 “两个决不会”与中国的社会主义运动

中国共产党所领导的新民主主义革命，显然也不是在中国资本主义高度发达和资本主义基本矛盾尖锐化的基础上出现的。中国当时的现实情况是，一方面，在民族资本尚未得到真正发展以前，中国已经沦为半殖民地半封建社会，生产力的发展主要不是受到资本主义生产关系及其主要矛盾的制约，而是主要受到封建主义、帝国主义和官僚买办势力的压制；另一方面，在封建主义、帝国主义的强大势力之下，中国的资产阶级已经分化为官僚资产阶级、买办资产阶级和民族资产阶级。由于民族资产阶级势单力薄，难以承担反帝反封建和反官僚买办势力的重担，中国民主革命的任务就历史地落在了无产阶级的肩上。在中国共产党领导下，以工农联盟为基础，通过建立最广泛的民族统一战线和艰苦卓绝的奋斗，终于取得了反帝、反封建、反官僚买办资产阶级的新民主主义革命的胜利，获得了国家的独立和民族的解放。早在中华人民共和国成立以前，以毛泽东为代表的中国共产党人就分析认为，尽管中国的新民主主义革命是在无产阶级领导下取得胜利的，但由于中国的生产力发展水平十分落后，革命胜利后马上实行对生产关系的社会主义改造的条件并不成熟。因此，在夺取政权以后，应当有一个新民主主义建设阶段，应当通过鼓励和扶持民族资本的发展，提高生产力水平，改变中国贫穷落后的状况。应当说，这是一个符合马克思主义的、实事求是的思想。但遗憾的是，中华人民共和国成立以后，这一设想并没有得到真正的贯彻。仅仅经过了十分短暂的经济恢复时期，就开始了全面的社会主义改造运动，并仿照苏联模式建立了高度集中的计划经济体制。其中的原因既有国际反华势力对我国封锁、威胁的客观因素，也有思想上“左”倾错误的主观因素。客观地看，在中华人民共和国成立初期，这种体制对于集中全国财力进行经济建设曾经发挥了一定的积极作用，但由于生产关系长期严重脱离生产力发展的实际，因此从长期总体来看，是制约和阻碍了生产力的发展。加上连年不断的政治运动，到了20世纪70年代末期，国民经济几乎到了崩溃的边缘。正是在这种危急时刻，党的十一届三中全会开启了改革开放的进程，逐步调整了那些不切实际的、“超前”的生产关系，鼓励和扶持包括私有制经济在内的多种所有制经济共同发展，改革公有制实现形式，摈弃高度集中的计划经济，实行社会主义市场经济。对生产关系的调整极大地促进了生产力的发展，取得了举世瞩目的成就。同时，根据马克思主义基本原理和中国实际，党的十三大又创造性地提出了社会主义初级阶段理论，这不仅是对“两个决不会”思想的自觉运用，也是对马克思科学社会主义理论的重大丰富和发展。

四 “两个决不会”与社会主义初级阶段的本质规定

那么，应当如何认识和把握社会主义初级阶段的本质规定呢？

根据马克思科学社会主义理论，对未来社会本质规定的论述主要有两点：

一是从科学社会主义根本目的出发的论述，认为未来社会的本质规定是实现人的全面和自由发展。“代替那存在着阶级和阶级对立的资产阶级旧社会的，将是这样一个联合体，在那里，每个人的自由发展是一切人的自由发展的条件。”[①]那么，什么是人的全面自由发展？根据恩格斯的概括，主要包含两个方面的内容：①“社会的每个成员都能完全自由地发展和发挥他们的才能和力量。”[②]②“人终于成为自己的社会结合的主人，从而也就成为自然界的主人，成为自身的主人——自由的人。”[③]怎样才能实现这样的社会呢？其最根本的条件是生产力的彻底解放、极大发展和物质财富的极大丰富。“当人们还不能使自己的吃喝住穿在质和量方面得到充分供应的时候，人们就根本不能获得解

① 马克思、恩格斯：《共产党宣言》，载中共中央党校教务部编《马列著作选编》，中共中央党校出版社，2002，第75页。

② 恩格斯：《共产主义信条草案》，载赵曜等编《马克思列宁主义基本问题》，中共中央党校出版社，2001，第168页。

③ 恩格斯：《社会主义从空想到科学的发展》，载中共中央党校教务部编《马列著作选编》，中共中央党校出版社，2002，第277页。

放。”[1]可见，马克思和恩格斯所描述的未来社会，是一个生产力高度发达的，充满人性的，人与人、人与自然和谐相处的社会。

二是从实现根本目的的手段或途径出发的论述，认为未来的社会制度同现存资本主义制度的“具有决定意义的差别当然在于，在实行全部生产资料公有制的基础上组织生产”[2]。这是因为，根据马克思对资本主义基本矛盾的分析，以生产资料私有制为基础的资本主义生产方式，不仅会造成阶级对立和阶级压迫，造成社会的不和谐，也将成为生产力进一步发展的桎梏。因此，要彻底解放和发展生产力，实现人的全面和自由发展，就必须消灭生产资料的私有制，实现生产资料的社会所有制或公有制。

显然，恩格斯所讲的“具有决定意义的差别”，指的是在资本主义生产力高度发达的基础上为进一步解放生产力而建立的社会制度与现存资本主义制度的本质区别。而对于建立在比较落后的生产力基础上的、处于初级阶段的社会主义需要实行什么样的制度来解放和发展生产力，这种制度与现存资本主义制度的根本区别是什么，马克思和恩格斯并没有也不可能给出明确的预言和论述，而是需要后来人根据马克思主义的基本原理和实践的需要进行探索和创新。

根据马克思“两个决不会”思想以及前文对国际国内正反两个方面实践经验的分析和总结，在生产力水平比

① 马克思、恩格斯：《〈德意志意识形态〉第一卷手稿片断》，载赵曜等编《马克思列宁主义基本问题》，中共中央党校出版社，2001，第168页。

② 恩格斯：《恩格斯致奥·伯尼克》，载赵曜等编《马克思列宁主义基本问题》，中共中央党校出版社，2001，第220页。

较落后的社会主义初级阶段，还需要大力鼓励和扶持包括私有制经济在内的多种所有制经济共同发展，还不可能真正全面实现“在实行全部生产资料公有制的基础上组织生产”，如果硬要强制实行，只能对生产力造成破坏，并最终导致生产关系的回归。换句话说，以生产力比较落后为基础的社会主义初级阶段，同现存资本主义制度的“具有决定意义的差别”，还不可能是“在实行全部生产资料公有制的基础上组织生产”。那么，社会主义初级阶段的本质规定应当是什么呢？

根据马克思主义的基本立场、观点和方法，社会主义最本质的规定，应当是其根本目的，而不应当是其手段或途径。解放和发展生产力，并在此基础上实现人的全面自由发展，这一根本目的不论是对社会主义的高级阶段还是对社会主义的初级阶段而言，都是一样的和不变的，至于其他规定，包括所有制和生产方式等，都是手段和途径问题，都是为根本目的服务的，而且在不同的国家、不同的生产力水平和不同的发展阶段，其需要也是不同的。在资本主义生产力已经高度发达到资本主义生产关系难以容纳的时候，“在实行全部生产资料公有制的基础上组织生产”是解放和发展生产力的需要；而在生产力落后的情况下，继续鼓励和支持包括私有制在内的多种经济成分的共同发展，也是解放和发展生产力的需要。虽然二者在所有制形式上有所不同，但都是在为社会主义最终目标的实现增砖添瓦，都具有促进社会进步的积极意义。

总之，社会主义初级阶段的最本质规定及其与现存资本主义制度的“具有决定意义的差别”，不应当也不可能是其所有制的形式，而应当主要体现在以下两点：一是解放和发展生产力的领导阶级和政权性质不同，社会主义初级阶段是在无产阶级政党即共产党领导下解放和发展生产力，而现存资本主义制度则是在资产阶级政党领导下解放和发展生产力。二是其根本目的和最终理想不同，社会主义初级阶段解放和发展生产力的根本目的和最终理想，是为实现共同富裕、人的全面自由发展和最终实现共产主义远大目标奠定物质基础和创造条件，而资本主义制度下解放和发展生产力，则是为了缓和资本主义基本矛盾，最终是为完善和巩固资产阶级生产方式和资本主义制度服务的。

五　所有制与社会制度性质、共产党领导地位的实践经验

长期以来，人们习惯于把公有制（尤其是国有制）比重的高低看作决定社会制度性质的事情，甚至看作决定共产党领导权合法地位的事情，从而严重束缚了我国所有制改革的进程。现在看来，这种认识是似是而非的。以上的分析主要是依据马克思“两个决不会”思想从理论上说明了生产资料所有制及由此决定的生产方式不应当也不可能成为决定社会主义初级阶段与现存资本主义制度的根本区别。而从实践的经验来看，也可以得出同样的结论。

第一，公有制比重的高低不是社会性质的决定因素。

“二战”以后，法国国有经济的比重曾高达98%。直到20世纪70年代初，英国国有企业固定资产占全国总资产的比重还达到40%，法国达到38%。另外，北欧诸国、澳大利亚、意大利、新加坡、印度等国的国有经济比重也都很大。显然，我们不能由此认定这些国家都是或曾经是社会主义国家，至少按照马克思主义的观点不是这样的。改革以来，随着生产关系的调整，特别是随着其他所有制经济的迅猛发展，我国国有经济的比重也在逐步下降，截至2004年，即使按国有及国有控股的口径计算，国有工业在全部国有及规模以上非国有工业中的比重，也只有42%。考虑到有大量的非国有工业企业由于规模较小而处在这一统计范围之外，国有工业在全部工业中的比重还要更低；从全部国民经济的范围来看，由于农业和服务业中的国有经济比重相对更低，估计国有经济在整个国民经济的比重不会超过30%。但谁又能够否认我国的社会主义性质呢？因此，公有经济特别是国有经济的比重，显然不是社会性质的决定因素。

第二，国有经济比重的高低，也不是保证共产党执政地位和政权合法性的决定因素。苏联和东欧国家共产党失去政权的时候，国有经济的比重都大大高于我国。比如，据统计，1990年苏联国有经济成分在就业人数、产值、固定生产基金中的比重分别占全国的76.7%、82.7%、88.9%[①]。但如此高的国有经济比重并没有能够保证苏共的执政地位。相反，在国际风云变幻和社会主义纷纷失败的情况下，社会主

① 苏联国家统计委员会：《苏联国民经济统计年鉴》，莫斯科出版社，1990，第51页。

义中国之所以能够红旗不倒，中国共产党之所以能够赢得全国人民的拥戴，根本的因素也不在于我们发展了多少国有企业，不在于国有经济保持了多大的比重，而在于我们坚持了实事求是的思想路线，通过实行改革开放，发展了国民经济，提高了综合国力，改善了人民生活。这才是我们应当真正认真总结和吸取的经验和教训。

六 小结

（1）生产资料的所有制形式及其由此决定的生产方式，不应当也不可能成为处于初级阶段的社会主义制度与现存资本主义制度的本质区别。

（2）国有制比重的高低，既与一个国家的社会性质无关，也不能决定共产党能否长期处于执政地位。

（3）据此，结合我国当前实际，为了进一步深化所有制改革和促进生产力发展，在制定推进国有经济战略调整的方针政策时，就不应当把公有制、国有制比重的高低作为判断改革成败得失的标准，而应当坚持实事求是和由市场检验的原则，从有利于我国国民经济整体发展的目的出发，着力于在全社会范围内推进国有资源的优化配置。

第四篇

中国追赶型增长的阶段转换与增长前景[1]

根据国家统计局调整后的年度增长数据，从2003年到2007年的5年间，中国经济连续实现了10%以上的增长速度。2008年增速从上年的14.2%，大幅回落至9.6%，2009年进一步降至9.2%。虽然由于采取了超大力度的需求刺激政策，2010年增速又回升到10%以上，为10.4%，但好景不长，回升乏力，从2011年开始，经济增速持续回落，2011年为9.3%，2012年和2013年均为7.7%，2014年预期目标确定为7.5%左右。

在这种情况下，如何看待2008年以来的增速回落，如何看待现阶段及未来一个时期中国经济的增长潜力，成为近年来国内外学术界及政策研究领域十分关注和热议的一个话题。虽然不同学者观察问题的角度、研究的重点等各有不同，得出的结论也多种多样，但大体可以归纳为两种基本观点：一种观点认为，增速回落主要是受经济景气循环、结构矛盾制约和国际金融危机冲击等短期因素的影响，中国经济中长期增长的基本面并没有变化，仍具有高速增长的条件和潜力。而另一种观点则认为，虽然2008年以来经济增速的

① 原载于《中国经济时报》2014年9月10日，该文是作者为《追赶接力：从数量扩张到质量提升》所撰写的序言，部分有改动。

回落有外部冲击等短期因素的影响，但更本质和更深层的原因，则是经济的基本面已经发生变化，中国经济不再具有高增长的潜力和可能性，并会很快回落至低速增长水平。

本课题研究所得出的基本结论，既不像上述第一种意见那样乐观，也不像第二种意见那样悲观。课题组认为，一方面，经过30余年的高速增长，我国经济的基本面和增长潜力的确正在发生变化，现阶段的增速回落并不仅仅是景气循环和外部冲击等短期因素所致，也有潜在增长率下降因素的影响，因此，再恢复到以前接近两位数高增长的条件已不再具备；但另一方面，基于对我国发展实际及相关国际经验的分析，现阶段我国经济基本面的变化，并不意味着我国后发优势的消失和追赶型增长进程的终结，而是意味着后发优势性质、结构和程度的变化和追赶型增长的阶段转换，因此，尚不会使我国的潜在增速滑落至低速水平。综合各种因素分析，课题组认为，在今后10～15年的时间里，我国经济仍然具有实现6%～8%的中高速增长的潜力。

课题研究还表明，从高速增长向中高速增长的转变，并不仅仅意味着增长速度的变化，而是同时意味着增长动力和增长方式的重大转变。中高速增长并不能在延续旧的增长模式下自动实现，而是需要我们通过改革的深化和政策的调整去争取，需要政府、企业和社会各方面共同为此做出努力。如果不能真正建立起适应发展阶段变化的、有利于实现增长方式转变的体制和政策环境，那么不仅中高速的增长潜力不会变为现实，经济也有可能很快滑落至低速徘徊，甚至落入所谓的“中等收入陷阱”而难以自拔。因此，关键还是要在保持经济基本稳定、风险总体可控的前提下，不失时机地推进各项改革。

一　后发优势与追赶型增长

得出以上判断，首先是基于对后发国家追赶型增长一般规律的研究。之所以首先研究后发追赶型经济增长的规律，是因为中国的经济增长总体上属于一个落后国家的追赶型现代化过程中的经济增长，要把中国问题说清楚，首先就要把后发追赶型经济增长的一般规律说清楚。

世界范围内，特别是第二次世界大战之后，各国（地区）经济增长主要可以分为两大类：一类是技术前沿国家的创新引领式增长，典型的如过去的英国、当今的美国等；另一类是落后国家或经济体的追赶型增长，成功者如日本、韩国，以及中国台湾地区等。前一种增长主要依靠的是新技术的突破和人口的自然增长，因此，尽管在技术取得重大突破时也可以实现较快的增长，但长期来看，增长速度比较平稳和缓慢。比如，据研究，美国在过去约180年的时间里长期平均增长率为3%～4%[①]。这种增长可以形象地称之为“蜗牛爬行式”增长。而后一种增长则由于后发优势的存在和作用，常常能够在一段时间里实现比前沿国家高得多的增长速度，或者，换个角度说，常常能够在较短的时间里完成前沿国家在较长时期才能完成的工业化和增长任务。比如20世

① 其中大约一半为技术进步因素，另一半为人口增长因素。

纪50—60年代的日本和20世纪70—80年代的韩国。这种增长被称为“压缩式增长”[①]。改革开放以来中国经济的高速增长，就属于后一种增长，即追赶型增长或压缩式增长。

后发国家的追赶型增长，之所以能够实现压缩式高速增长，最主要的原因就是其所拥有的后发优势。所谓后发优势，简单讲，是指由于其发展水平相对落后而拥有的增长潜力和增长优势，这种优势既可以表现在对先进技术、制度、管理经验等的学习、引进、借鉴等方面，也可以表现在较低的劳动力及其他资源要素的成本方面，还可以表现在较为广阔的市场需求潜力等方面。当然，后发优势所决定的，只是追赶型增长的潜力，这种潜力能否实现，还取决于其他因素，主要是政治经济体制及发展战略和政策等。后发优势是压缩式高增长的必要条件，而不是充分条件。就是说，没有这种后发优势，后发国家就不可能实现压缩式高增长，而仅有后发优势，也不一定能够实现压缩式高增长。正因为如此，许多非洲国家都具有后发优势，具有高增长的潜力，但由于其他条件不具备，因此并不能实现高增长。

二 追赶型增长的两个显著特征

既然追赶型增长的潜力来源于后发优势，因而后发优势的大小，就决定了追赶型增长潜力的大小；后发优势减弱了，高增长的潜力就会变小；后发优势消失了，高增长的潜

① 刘世锦等：《陷阱还是高墙》，中信出版社，2011。

力也就不存在了。正是后发优势和增长潜力的这种变化，使得后发国家的追赶型增长过程还呈现出两个显著特征。

一是增速变化的生命周期特征。后发国家的追赶型增长启动前，一般是传统经济状态下的低速增长，其增速有可能比前沿国家的增速还低。而追赶型增长进程启动后，其增速迅速提高，达到远高于前沿国家的水平，并会持续一定时期。当发展水平接近前沿国家时，发展差距和后发优势消失，增速回落至前沿国家水平。不难看出，由后发国家增长的追赶性质所决定，增速的生命周期特征是内生的，是必然会发生的。只要实现成功追赶，增长速度就必然会收敛于前沿国家的增长水平。当然，也可能追赶不成功，在发展水平远未达到前沿国家水平前增速掉下来，如果这种情况发生，那就是落入了包括“中等收入陷阱”在内的增长陷阱了。

二是增长速度变化的阶段性特征。追赶过程中发展水平的提高不会从低收入直接跨入高收入，后发优势也不可能一下子消失。发展水平的提升必然是一个由低到高渐进的过程，而随着发展水平的变化，与技术前沿国家的技术差距、后发优势也会逐渐发生变化，从而导致压缩式增长动力和增长潜力的变化。对后发追赶型经济体增长过程经验数据的实证分析说明，凡是成功完成追赶任务的经济体，其压缩式高增长过程都不是一下子从高速增长直接转入低速增长，而是会呈现从高速增长到中速增长，再到低速增长的阶段性变化。有些经济体能够保持较长时期的中速增长，实现的平均增速也相对较高，比如，中国台湾地区，在经历了1953—

1979年27年的年均9%左右的高速追赶之后，还维持了1982—1997年长达16年的年均7.3%左右的中高速增长。而另一些经济体中速增长持续时间则相对较短，实现的平均增速也相对较低。比如，韩国在1963—1997年的35年时间里，平均增速达到8.2%，而在1999—2008年的10年里则实现了5.6%的中低速增长。再比如日本，在1946—1973年的28年时间里实现了年均9.4%的高速增长，而在1975—1991年的17年时间里，年均增长率只达到4.4%的中低增速。之所以会出现这种情况，是因为中速增长期究竟能持续多久，能够实现多高的平均增速，不仅取决于其增长潜力，也取决于当时一系列的国际、国内环境及条件。进一步观察中国台湾地区及日韩两国增速明显回落、出现增长阶段转变时的发展水平及与前沿国家的发展水平的相对差距，可以发现其相互之间不仅不完全一致，而且存在较大的差异性。这进一步说明，对于相对差距、后发优势、增长潜力和现实增速之间的影响和决定关系，我们决不能做简单化的理解和类比，而必须根据历史和现实状况做更加深入的研究。相对差距和后发优势决定压缩式增长的潜力这一点从理论上说没有问题，但这个潜力究竟能够在多大程度上得到释放，因而能够实现多长时期、多高水平的高速增长或中速增长，阶段转化何时发生、以什么方式发生，等等，都不仅取决于增长潜力的变化，也取决于其他一系列内外部经济、政治、社会因素的变化和影响。因此，需要我们进行全面系统的分析和考察。

三　追赶型增长阶段变化的动因与机理

为了进一步说明追赶型经济体增速阶段性变化的内在动因、机理及其对发展战略和政策的意义，课题组根据对国际、国内实践经验的总结和对追赶进程与后发优势相互关系的理论研究，并根据追赶进程中发展水平提升、增长环境和后发优势变化、效率改进方式和增长动力转换等影响关系，概括总结了追赶型增长进程中与增长阶段转换相联系的三种动力机制和增长形态，即数量扩张型高增长、质量提升型中高增长、创新引领型中低增长。

数量扩张型高增长（资本积累+TFP1）。追赶进程启动后相当长一段时期内，经济增长环境的基本特点是：①要素供给条件非常宽松（比如，存在大量的剩余劳动力、土地资源丰富、大量的优质矿产资源有待开发、环境生态问题尚不构成对增长的制约等）。②需求空间巨大，国际市场几乎空间无限，而国内市场也存在大量的供给空白有待填补。③存在大量的可以免费使用的适用技术或技术引进成本较低。在这样的条件下，经济增长很自然地会主要依赖以数量扩张为主的粗放发展模式，其基本特点是大量的新企业、新产能产生，而较少有企业和产能被淘汰。经济增长主要来源于资本积累和要素投入的增加，效率的提高则主要是通过要素从闲置状态或低效部门转向高效部门实现。这种全要素生产率提高的模式可称为TFP1。实现TFP1，企业和社会所支付的成本低，从而有更多经济剩余投入积累，从而形成高投资、高增速相互增强的局面。

质量提升型中高增长（TFP1+TFP2）。经过一定时期的高速增长，发展水平显著提升，与前沿国家的发展差距也会明显缩小，这时，与追赶进程初期的情况相比，经济环境会发生一些重要变化，主要是：①随着“刘易斯拐点”的到来，要素供给对增长的制约显著增强。比如，虽然劳动力成本仍然相对较低、优势仍在，但随着农村剩余劳动力的基本消失，劳动力成本快速上升。虽然土地等自然资源的价格也相对较低，但价格也快速上升，对粗放式增长的制约越来越明显。生态环境问题越来越突出，环境容量越来越成为粗放式增长的硬约束。②市场需求对经济增长的约束也显著增强。虽然国内基础设施、工业设备投资、房地产投资等仍有增长空间，但与追赶型增长初期的情形相比，空间已经明显缩小，增速也显著放慢，有些地区和领域增长空间已相对饱和，进入质量提升或更新换代阶段。消费品市场需求方面虽然也有较大的扩大和提升空间，但追赶型增长初期那种广泛存在的市场供给空白点已经基本不存在，更多的是升级换代的需要。出口市场方面，追赶初期，由于经济体量小，出口占全球份额有限，但随着出口份额的不断增加，对全球市场的影响越来越大，受全球市场制约也越来越明显，这一点对像中国这样的大国尤其明显。③技术差距虽依然较大，但像追赶型增长初期那样适用的免费的先进技术越来越少，技术引进不仅成本上升，而且难度增加。在这样的条件下，过去那种以简单的数量扩张型粗放增长为主的增长模式越来越难以为继，经济增长将需要转向主要依靠质量的提升和效率的提高来推动，而效率的提高除继续来自资源要素从闲置状态或低效部门向高效部门的转移（TFP1）外，将会越来越多地依靠行业内部企业之间和不同技术产能之间的优胜劣汰（TFP2）来实现。在这种情况下，增长的最主要特点就是优胜劣汰，新的企业、新的产能的出现往往会导致旧的企业、旧的产能被淘汰而退出市场，而不像追赶初期那样新产能的出现并不需要大量淘汰旧的产能。

创新引领型中低增长（TFP2+TFP3）。追赶进程的后期，发展水平进一步提升，与前沿国家的技术差距进一步缩小，增长环境也会随之出现新的变化，主要是：①工资和其他要素的价格虽然还不及前沿国家水平，但已经远远超过其他发展中国家，在国际市场范围内基本丧失比较优势。依靠技术引进和模仿式创新很难消化企业投入成本上升带来的压力。②需求方面，城市化水平接近峰值，基础设施、房地产等的建设已基本完成，剩下的主要是更新换代和质量提升问题。消费品市场也基本饱和，如果没有新的技术突破，也只能是更新换代。出口方面，大多数出口产品已经与技术前沿国家的中低端产品竞争，因此，贸易摩擦不断。③技术方面，技术引进不仅价格高昂，而且由于越来越接近技术核心，受到非经济因素的干扰越来越多，引进的难度越来越大。④与此同时，不论是从技术水平、人才队伍，还是从产业基础、资金实力来看，进行前沿创新的条件越来越成熟。在这种情况下，在继续进行技术引进和模仿创新的同时，企业开始尝试前沿创新，试图通过创造新的市场机会和技术路线获取高额利润（TFP3）。实现TFP3需要企业投入更多资金，面临更高的市场和技术路线的风险；也需要经济体投入更多社会先行资本，建设完备的教育、科研、金融体系。该阶段追赶难度进一步加大，经济增长潜力回落到更低水平。

四 中国经济增长的阶段转换与增长潜力

从我国的实际情况来看，结合以上对后发国家追赶型增长过程一般规律的分析，首先可以明确的一点是，经过改革开放以来30余年的压缩式高增长，支撑我国经济以数量扩张为主、粗放增长模式的一组条件（要素供给条件、需求空间条件、技术引进条件等）已经发生了变化，我国经济正在告别追赶型增长过程中的数量扩张型高增长（资本积累+TFP1）阶段，进入质量提升型中高增长（TFP1+TFP2）阶段，因此，经济不再具有过去那样接近两位数的高增长潜力。

其次可以明确的一点是，现阶段我国面临的增速回落，显然也不应当被认为是我国发展水平接近前沿国家、接近追赶成功而后发优势基本消失、追赶型增长即将结束［即将进入创新引领型增长阶段（TFP2+TFP3）］时的减速，而是高速增长之后后发优势相对弱化、相对减小背景下追赶型增长发生阶段性变化的减速。这是因为，尽管经过多年的追赶型高速增长，我国的发展水平大幅提高，与前沿国家的差距显著缩小，但差距仍然明显存在，比较优势并没有消失，变化的只是比较优势的性质和程度。比如，从总体发展水平来讲，目前我国人均GDP只有美国的1/8左右。从技术水平来讲，根据课题组的定量测算，目前我国创新水平与发达国家相比大约落后30年，但与相同增长阶段发展中国家或发达国家同等发展水平的历史阶段相比，我们基本相当，部分领域还有超越。从要素成本来看，我国的劳动力成本虽然大大提高，但与发达国家相比，差距依然很大，竞争优势显著。比如，据测算，如果按照现价美元计算，2013年，中国制造业平均工资仅相当于美国的14%，而如果按照购买力平价计算，也仅相当于美国的20%～30%。同样，从需求方面来看，虽然与改革开放初期相比需求空间有所缩小，但与前沿发达国家相比，需求空间仍然要大得多。比如，不仅城市基础设施建设的欠账依然很多，质量有待提升，农村基础设施基本上还是空白，公共服务设施也有待完善，农房提高抗震标准、加固改造、加强农田水利建设、加大退耕还林力度等，更是任务艰巨、投资需求巨大。再比如，制造业投资中对传统工业的技术改造升级，消费领域的信息消费、服务性消费等，都存在较大的投资和增长空间。因此，我国后发优势并没有终结，追赶任务也没有完成，压缩式增长的条件和潜力依然是存在的。

那么，究竟应当如何分析和把握下一步的增长潜力呢？从国际经验来看，如前所述，中国台湾地区在高速追赶之后，实现了长达16年的年均7.3%左右的中高速增长。而日韩在高增长阶段结束后，只实现了大约10年4%～6%的中低速增长。中国台湾地区之所以能够实现较高、较长时期的中速增长，可能与其正好赶上中国大陆地区的改革开放与高速增长有关。而日韩增速较低，既与其经济结构内在矛盾有关，也与当时的石油危机、金融危机的冲击有关。

联系到我国，课题组分析认为，与其他后发国家相比，我国具有一些独特的优势。首先，我国是一个大国，不仅国内市场规模潜力巨大，而且区域发展不平衡，有利于需求的渐次释放；其次，在我国农村剩余劳动力接近枯竭之时，我国每年有600万～700万大学生毕业，呈现出高素质劳动力丰富的比较优势；再次，我国制造业优势明显，有利于实现科技成果的产业化转换；最后，我国市场经济体制有待完善，如果改革能够取得进展，就可能释放出较大的改革红利。基于这些独特优势，课题组认为在今后10～15年的时期里，我国具有争取实现6%～8%中高速增长的潜力。

五 增长阶段转换面临的挑战与风险

成功实现增长阶段转换面临的首个挑战，是能否通过改革，释放由于体制缺陷而受到抑制的我国在要素供给方面依然具有的比较优势或后发优势。比如，虽然我国劳动力成本远低于美国，但由于政府管制过多、竞争不充分，我国在资金成本、能源成本、物流成本等方面，远高于美国。如果计算综合成本，中国反而高于美国。这是近年来不少美国企业回归，甚至不少中国企业选择到美国设立分厂的重要原因。

成功实现增长阶段平稳转换面临的另一个重大挑战，是能否适应形势变化的需要，创新投融资体制，释放巨大的国内需求潜力。比如，如前所述，现阶段我国依然具有巨大的投资需求空间。想象一下，要将现在城市的地下管网改造一遍，需要多大规模的投资？要将现在的农房按最基本的抗震标准改造一遍，需要多大规模的投资？要使我国广大的农村具备基本的基础设施，包括基本的硬化道路、垃圾处理设施等，需要多大规模的投资？要使我们的大气污染、水资源污染得到基本有效的控制和治理，需要多大规模的投资？等等。问题在于，与先前的投资相比，这些领域的投资的一个突出特点，就是它们大都具有一定的公益性质，都不是可以直接商业化的投资。如何通过财政、金融制度的创新，建立适应新形势的可持续的投融资体制，从而充分释放国内投资需求空间，是我们面临的重大改革挑战。

成功实现增长阶段平稳转换面临的第三个重大挑战，是能否真正构建起有利于创新的体制和社会环境。增长阶段转变从根本上来讲要靠创新，而适宜的创新环境要靠政府来营造。更为重要的是，从全球资源环境状况来讲，中国不可能在因循老牌资本主义国家工业化范式的情况下实现现代化，而必须通过创新走出一条新型工业化道路。从客观条件来讲，我国人才资源丰富，科研教育基础扎实，具有巨大的通过创新驱动发展的潜力。但长期以来，由于教育体制、人才体制、科研立项、经费管理等方面存在弊端，严重制约创新驱动发展潜力的发挥。这些问题不解决，新的动力难以形成，增长阶段转换也难以平稳实现。

国际经验说明，追赶进程中由高速增长向中速增长阶段的转换期，不仅充满各种挑战，也充满各种风险。

一是金融风险将会凸显。高速增长阶段，由于潜在需求旺盛、资产价格持续上涨，粗放增长模式下的一些矛盾和风险容易被掩盖。而在进入增长阶段转换期，伴随着增速下行和结构调整，原有的风险化解机制难以继续生效，而市场主体的行为则很难及时做出调整，这时原来被掩盖的矛盾和风险就会显露出来。比如原先可以盈利的制造业企业可能会因为成本上升或需求不足而出现亏损，长期积累的房地产泡沫可能因为需求的收缩而破灭，长期以来地方政府善于运作的土地财政模式也可能因为房地产市场的变化而难以为继，等等。这些问题最终都会归结为金融风险问题。调控得好，可以把风险控制在局部较小的范围内，并通过一定时期的调整逐步化解；而一旦调控措施失当，局部风险就有可能演化为系统性风险，从而对整体经济的稳定造成冲击。

二是各种社会矛盾和社会风险凸显。国际经验表明，当经济达到中等收入水平之后，不仅经济问题会更加复杂，政治、社会问题也会更加突出。这是因为，发展初期社会面临的主要矛盾是解决温饱问题，增长成为解决矛盾的主要途径。而当温饱问题基本解决之后，人们就会对公平、正义提出更高的要求，相应的政治诉求也会不断提升，而且过去长期存在但并不突出的收入差距问题、腐败问题、环境问题、食品安全问题、社会信用缺失问题等，都有可能成为引发社会动乱的诱因，而一旦社会稳定局面不能得到有效维持，追赶进程就会中断。

三是落入增长陷阱的风险。成功实现增长阶段转换的关键，是实现发展方式的根本转变，培育新的竞争优势和增长动力，从而保障经济能够在新的平台上实现较长时期的中高

出席"中国发展高层论坛2018"

速增长。但这一点知易行难，原因在于，增长阶段转换过程需要同时面对转方式和控风险两大任务，而这两大任务短期内往往相互掣肘，相互胶着，甚至相互矛盾。加大转方式力度需要深化改革，强化市场约束，促进优胜劣汰，长期来讲无疑有利于保持增长活力，控制风险，但短期内会加大矛盾和风险，况且短期内还要面临化解历史积累的矛盾和风险的任务；而如果短期内把控风险和保持稳定放在首位，则势必会在推改革、促转型方面迈不开步子，时间一长，矛盾和风险会更大，甚至积重难返，最终陷入增长下滑和风险加剧的恶性循环，落入增长陷阱。因此，宏观政策必须在保稳定、控风险、促改革、转方式之间取得平衡。

最后需要注意的一点是，潜在增速是就一定时期的平均增长潜力而言的，不能将其理解为在这个时期的每一年都能够实现或都应当争取这样的增速。现实当中的增长会受到各种内外因素的影响而出现波动变化，这都是十分正常的。因此，经济发展目标的设定和经济调控政策的实施，应立足于实现中长期健康发展，在促进阶段转换和结构转型的基础上，争取一个较长时期的高质量的中高速增长，而不是过于注重每年都能实现中高速增长。

六 深化改革以构筑有利于增长阶段转换的体制基础

应对各种风险挑战、保障增长阶段平稳转换的关键，是要在保持经济形势基本稳定、风险总体可控的前提下，不失时机地推进各项改革，尽快构筑起有利于增长阶段转换和新增长模式形成的体制基础，核心是按照十八届三中全会决定，正确处理好政府和市场的关系，通过正确发挥政府的作用，为市场发挥决定性作用创造条件。

正确发挥政府的作用，首先要求政府减少对经济活动的直接干预。

一是要减少政府对产业结构升级方向的直接干预。增长阶段转换必然涉及落后产能、低效企业的退出和新兴产业、高效企业的兴起，但究竟什么产能属于落后产能，哪家企业是低效企业，什么技术、产业和企业更有发展前景，都只能通过市场竞争来检验。政府直接干预，不论是通过认定什么产能是落后产能而强制淘汰，还是直接认定什么产业是新兴产业而大力扶持，都会扭曲市场信号，降低市场效率，甚至会出现南辕北辙的效果。

二是要减少对产业优化升级方式方法的直接干预。落后产能、低效企业以什么方式退出，是破产清算还是被兼并重组，以什么方式实现兼并重组，由谁兼并谁，重组谁，等等；新兴产业、优势企业以什么方式发展壮大，是通过绿地投资还是收购兼并已有产能、企业，等等，也是十分复杂的市场选择过程。由政府部门主导的结构调整，不论是采取直接的行政关闭，还是拉郎配式的兼并重组，都容易掺杂进诸多非经济因素，不仅很难取得较好的重组效果，还会产生腐败、社会稳定等遗留问题。

三要减少对市场优胜劣汰机制的干预。现阶段这方面比较突出的问题是地方保护主义。比如，一些地方政府常常对本地企业在环境、质量、安全、税收等方面的违法违规行为网开一面，而对其他非本地企业则执法较严，从而形成事实上的不公平竞争。再比如，一些地方政府通过大量的优惠政策或补贴吸引投资，或对面临困境的本地企业实施救助，造成不公平竞争。这些问题不解决，不仅优胜劣汰将难以实现，甚至会发生“劣币驱逐良币”的逆调整现象。

在减少政府直接干预的同时，要把政府工作的重心转移到为市场机制发挥作用创造有利环境上来。这主要包括四个方面：

第一，通过改革激发市场活力和内生动力。现阶段，我国具有民间资本、高素质人才资源丰富的优势，民间投资创业的潜力巨大，积极性很高，关键是要通过改革为这一潜力的释放创造更加有利的条件。一是要深化垄断行业和国有经济部门的改革，打破一些领域实际存在的行政垄断和国有垄断，在更多领域放开竞争，为民间资本开辟更加广阔的投资空间。二是要进一步推进简政放权，减少不必要的行政审批，为投资创业提供更大的便利性。三是要认真清理针对企业的收费、检查等活动及事项，提高透明度和规范性，减少政府自由裁量权，为企业发展创造更加有利和宽松的环境。

第二，营造良好的创新环境。一是要进一步研究改进政府资金支持科技研发的途径和方式，切实提高资金使用效益。二是要进一步加大知识产权保护力度，形成切实尊重知识、尊重人才的社会氛围和法制环境。三是要从国家技术标准制定、产业扶持政策等方面，为各类企业、各种技术路线的产业化等创造公平的竞争环境。

第三，更加严格执行环境、质量、安全等方面的社会性规制。通过环境、质量、安全等技术标准实施社会性规制，保护公众利益，既是政府职责所在，也是实现优胜劣汰和促进产业升级的有效途径。针对目前存在的问题，既需要相关部门根据形势发展需要，及时修订和完善相关技术标准和处罚规定，同时，也需要通过进一步完善对地方政府和干部的考核激励机制，切实加大执法力度，形成转型升级的倒逼机制。

第四，切实完善社会保障制度，防范和化解财政金融风险。产业转型升级过程必然涉及部分职工的下岗分流和安置问题，“社会政策兜底”是转型升级过程顺利推进的基本保障。一是要进一步完善社会保障体系，为在产业结构调整过程中因企业退出而下岗、失业的人员提供生活保障。二是要进一步完善职工培训体系，为下岗职工的转岗就业提供帮助。三是要进一步解决国有企业改革不彻底的问题，特别是进一步加大处理国有企业办社会的包袱问题，为企业轻装上阵、参与市场竞争和兼并重组创造条件。同时，要针对资产泡沫、产能过剩等问题，通过制定预案和建立机制，切实防范局部问题演变为系统性风险。

伍

论著目录

1.《论发展中国家产业结构的合理化》，《世界经济研究》（上海）1985年第8期。

2.《我国内地对外开放简论》，《经济改革》1985年创刊号。

3.《论发展中国家的国际贸易与经济发展》（硕士论文），1985年，未发表。

4.《“王蒋论战”和台湾的经济发展》，《经济社会体制比较》1986年第5期。

5.《现阶段我国经济发展的几个主要问题》，《经济工作者学习资料》1987年第37期。

6.《关于货币供给与需求关系的探讨》，《经济纵横》1988年第2期。

7.《货币、物价与经济增长的实证分析》，《财贸经济》1988年第8期。

8.《经济增长及其因素分析》，载《中国宏观经济结构与政策》（张风波主编），中国财政经济出版社，1988年版。

9.《香港的货币银行体制与政策》，《经济工作者学习资料》1989年第33期。

10.《香港股票市场的运作及监管》，《经济工作者学习资料》1989年第57期。

11.《1989年中国经济实况分析：转折中的中国经济》（上、下）（主编），《经济工作者学习资料》1990年第59期、第60期。

12.《1990年中国经济实况分析：国民经济循环中的问

题和根源》（上、下）（主编），《经济工作者学习资料》1991年第79期、第80期。

13.《“七五”期间经济效益的综合分析——各要素对经济增长贡献率测算》，《经济研究》1991年第4期。

14.《金融资产总量与结构的实证分析》，《管理世界》1993年第4期。

15.《高速增长与短线约束——1992年经济形势及今后宏观政策取向分析》，《中国科技论坛》1993年第8期。

16.《经济景气循环的阶段及应采取的调控措施》，《经济研究参考》1993年第8期。

17.《当前经济形势及对策取向分析》，《财经问题研究》1994年第10期。

18.《关于国有企业改革的几点思考》，《经济研究》1994年第10期。

19.《恰当把握调控力度 保持经济健康发展——当前经济形势与对策取向分析》，《改革与理论》1994年第6期。

20.《体制转轨时期经济周期波动观测指标研究》（上、下），《国务院发展研究中心调查研究报告》1994年第130号、第131号。

21.《宏观调控要着力于突破两难境地——当前宏观经济及政策取向分析》，《上海经济研究》1995年第9期。

22.《努力缓解国有企业的冗员包袱》，《国务院发展研究中心调查研究报告》1995年第144号。

23.《对国有经济的行业结构进行战略性调整》，《现代企业导刊》1996年第10期。

24. 《经济运行喜忧参半 调控政策仍当从紧——正确看待今年经济形势》，《中国经济信息》1996年第21期。

25. 《为加快体制模式的转变创造条件——当前经济形势及政策选择》，《城市金融论坛》1996年第4期。

26. 《应当全面分析经济形势》，《经济日报》（理论周刊）1996年11月11日。

27. 《国有企业改革的出路在于战略性改组》，《经济改革与发展》1997年第9期。

28. 《证券发行管理体制的问题及改革建议》，《国务院发展研究中心调查研究报告》1998年第84号。

29. 《股票市场“泡沫”过大的问题及对策》，《国务院发展研究中心调查研究报告》1998年第146号。

30. 《成功推进国有经济改组需要怎样的资本市场》，《改革》1998年第11期。

31. 《宏观经济政策目标要长短兼顾》，《中国经济时报》1998年7月17日。

32. 《中国改革历程的回顾与反思》，《新视野》1998年第6期。

33. 《通过资本市场实现国有企业的战略改组》，《经济管理》1999年第4期。

34. 《面对增长之波》，中国发展出版社，1999年版。

35. 《深化国有企业改革迫切需要建立统一的国有资产所有者代表机构》（合著），《经济研究参考》2001年第1期。

36. 《资本市场新论》（合著），中国发展出版社，

2001年版。

37. 《建立责权义相统一的国有资产管理体制》，《大连日报》2002年12月9日。

38. 《解决结构矛盾改善投资环境促进经济持续稳定增长》，《上海投资》2002年第9期。

39. 《促进农民增收需要更加有力的短期政策》，《人民论坛》2003年第4期。

40. 《地方国有经济布局调整的方向》，《科技日报》2003年9月4日。

41. 《加快国有经济布局和结构调整步伐》，《国务院发展研究中心调查研究报告》2003年第138号。

42. 《建立新型国资管理体制面临的六大问题》，《中国证券报》2003年1月15日。

43. 《现代市场经济的五大特征》（合著），《中国经济时报》2003年7月16日。

44. 《建立健全社会信用体系需要明确的几个问题》（合著），《改革》2004年第6期。

45. 《关于河西走廊水资源和可持续发展的几点思考》，《中央党校学员研究报告》2005年第3期。

46. 《马克思"两个决不会"思想与现阶段我国的所有制改革》，《理论前沿》2005年第20期。

47. 《中长期发展面临的挑战与增长方式转变》，《广东经济》2005年第2期。

48. 《转变经济增长方式是一项系统工程》，《前线》2005年第8期。

49. 《关于中部崛起的战略思考》（合著），《科学时报》（区域发展专刊）2006年3月13日。

50. 《新加坡经济社会发展的经验及对我们的启示》，《国务院发展研究中心调查研究报告》2006年第41号。

51. 《现阶段我国竞争政策面临的主要问题及对策思考》，《国务院发展研究中心调查研究报告》2006年第47号。

52. 《构建和谐社会与利益关系调整》，《求是》2007年第7期。

53. 《进一步促进出租汽车行业健康发展的思路和建议》（合著），《改革》2008年第8期。

54. 《中国改革的五条成功经验》，《中国发展观察》2008年第11期。

55. 《我国城市治理的成就及改进的思路与目标》（合著），《中国发展观察》2008年第6期。

56. 《中国的区域政策和区域发展：回顾与前瞻》，《理论前沿》2008年第14期。

57. 《中国各区域科学发展的新进展：评价与分析》（合著），《发展研究》2008年第7期。

58. 《临空经济发展的战略与对策——以首都国际机场为例》（合著），经济科学出版社，2008年版。

59. 《我国城镇化的基本态势、战略重点和政策取向》（合著），《经济界》2009年第9期。

60. 《对“十二五”时期促进区域协调发展几个重要问题的分析和认识》，《国家行政学院学报》2010年第3期。

61. 《关于我国现代化面临形势和任务的若干思考》

（合著），《中国发展观察》2010年第9期。

62. 《加快转变经济发展方式的目标要求和战略举措》（合著），《理论学刊》2010年第5期。

63. 《科学制定“十二五”规划需要重点思考的几个问题》，《中国发展观察》2010年第3期。

64. 《完善城市化布局与形态，促进区域协调发展》，《中国党政干部论坛》2010年第11期。

65. 《中国区域政策与区域发展》（合著），中国发展出版社，2010年版。

66. 《着力解决深层次矛盾 加快转变经济发展方式》（合著），《中国发展观察》2011年第4期。

67. 《绿色经济：新兴经济体实现可持续发展的必由之路》，《中国经济时报》2012年11月5日。

68. 《建立改革统筹协调机制》，《经济参考报》2013年2月20日。

69. 《深化改革要坚持问题导向模式》，《社会科学报》2013年1月31日。

70. 《新城镇化的发展路径》，《经济导刊》2013年第9期。

71. 《从大的历史视野上看全面深化改革》，《学习月刊》2014年第1期。

72. 《论市场在资源配置中起决定性作用的核心问题及相关改革》，《经济纵横》2014年第7期。

73. 《增长阶段转换的成因、挑战和对策》（合著），《管理世界》2014年第12期。

74.《中国追赶型增长的阶段转换与增长前景》，《中国经济时报》2014年9月10日。

75.《追赶接力：从数量扩张到质量提升》（合著），中国发展出版社，2014年版。

76.《保持稳增长与调结构的平衡深入理解〈政府工作报告〉经济政策取向》，《紫光阁》2015年第4期。

77.《促进京津冀协同发展，打造世界级城市群》，《中国发展观察》2015年第9期。

78.《分析经济形势要有全面和综合的观点》，《经济日报》2015年7月17日。

79.《促进经济增长阶段平稳转换》，《人民日报》2015年7月13日。

80.《关于深化国资国企改革的几点思考》，《中国经济时报》2015年2月4日第5版。

81.《坚持互利共赢，务实推进"一带一路"建设》，《经济纵横》2015年第10期。

82.《新常态下的中长期增长前景》，《经济日报》2015年2月13日。

83.《着力增强创新发展新动力》，《经济日报》2016年6月2日。

84.《关于京津冀协同发展若干重要问题的思考》，《经济社会体制比较》2016年第3期。

85.《进一步增强和拓展经济增长新动能》，《中国经济报告》2016年第12期。

86.《深化改革需着力处理好四个方面的关系》，《中国经贸导刊》2016年第34期。

87. 《关于深化农村宅基地制度改革的思考》，《中国经济时报》2017年4月27日。

88. 《为经济企稳回升奠定更加坚实的基础》，《中国发展观察》2017年第5期。

89. 《着力增强经济增长内生动力》，《行政管理改革》2017年第3期。

90. 《迈向高质量发展：战略与对策》（合著），中国发展出版社，2017年版。

91. 《高质量发展怎么看、怎么干？》，《求是》2015年第21期。

92. 《加快形成推动高质量发展的制度环境》，《中国发展观察》2018年第1期。

93. 《对我国经济转型期经济增长潜力的再认识（上）》（合著），《中国经济时报》2018年4月18日。

94. 《高质量发展需要大力弘扬企业家精神》，《中国发展观察》2018年第8期。